社畜怪談

久田樹生、黒碕 薫、佐々原史緒

竹書房
怪談
文庫

※本書に登場する人物名は、様々な事情を考慮してすべて仮名にしてあります。また、作中に登場する体験者の記憶と体験当時の世相を鑑み、極力当時の様相を再現するよう心がけています。現代においては若干耳慣れない言葉・表記が登場する場合がありますが、これらは差別・侮蔑を意図する考えに基づくものではありません。

目次

社畜の鏡

1．被害者の証言

携帯電話がまだ世に出回っていない頃の話だ、と、榊原英実さんは語り出した。

「携帯電話の前は何でしたっけ？　ＰＨＳ？　とにかく、ああいう類のものがまだ一般的じゃない頃。もちろん、インターネットなんかも今ほど整備されてなくて、外から連絡をすると言ったら公衆電話しか選択肢がない昔の話です」

今はフリーライターの彼女だが、当時は小さな広告代理店で働いていた。

朝はきっちり九時出社し、夜は終電に乗れればまだマシという毎日。

しかも、月曜に福岡へ飛行機で出張、翌日は関西に赴き、次の日には北関東へ向かう特急列車に飛び乗るというめまぐるしさだった。

「当時はもちろんまだ『社畜』なんて言葉、ありませんでしたけどね。今思い返すとホントそれそのものの暮らしですよ」

自宅は都内だったが、最寄り駅からだいぶ離れた場所にあった。徒歩だとどんなに急いでも二十分以上は掛かる。一分一秒でも惜しい生活だったから、彼女は毎朝自転車を飛ばして駅へと通っていたという。

ある冬の朝のこと。

白い息を弾ませて、彼女は全速力で先を急いでいた。

その日は午後一番にプレゼンテーションの予定があった。その最終チェックのため、出社直後からぎっしり予定が詰まっている。

昨夜も帰宅は遅かった。

二時間程度の仮眠しか取れておらず、数分置きに眠気が襲ってくる。だが、絶対に遅刻する訳にはいかないと、榊原さんは懸命にペダルを踏み込み、かなりのスピードで走り続けていた。

駅までのルートには環八……環状八号線という大きな都道が通っている。六車線もある道路で横断歩道も酷く長く、一度、信号が赤になると、何分間も待たされてはイライラさせられていた。

だから、彼女は横断歩道の向こう側で青信号が点滅しているのを見たとき、迷わず自転車を直進させた。子供の頃から走り慣れた道だ。このタイミングなら絶対に渡りきれると、突き進む。

そのときの榊原さんが見ていたのは、ちかちかと光る青信号。道に描かれた白黒のライン、ただそれだけ。

そして、次に、彼女が気がついたとき。

周囲で誰かが叫んでいるのが聞こえた。

目を開くと、何故か地面が斜めに見える。

おかしいなと思って身動きした瞬間、ボタボタっと顔を何かが伝い、視界が真っ赤に染まった。それは、自分の額から流れ落ちる血だった。

「……轢《ひ》かれたんですか？」

傍らに誰かの気配を感じる。その人に思わずそう訊ねていた。

「もしかして、私、轢かれたんですか？」

「そうだよ！　そのまま動かないで！」

返答を聞いてすぐ、榊原さんは再び意識を失い……次に目を覚ましたとき、今度は真っ白な天井を眺めていた。

そこは、病院のベッドの上。時間はもう一五時近く。冬の陽はすっかり傾き始めている。

「あなた、見切り発車してきたトラックに自転車ごと撥ねられたんですって」

ベッドの傍らには、泣き腫らした目の母がいた。

幸い、骨折はしていない。

ただ、自転車ごと地面に叩き付けられ、全身を強く打っており、顔が見るも無残に腫れ上がっていた。

回診にやってきた年若い主治医と看護師が、代わる代わる彼女に言う。

「鏡をご覧になるときは気を強く保って下さいね」

「ちゃんと治りますから、あまりショックを受けないで」

なるほど、鏡の中の自分は鬱血で顔の側面が真っ青に染まり、あちこちボコボコに腫れ上がっていて、江戸講談に登場する幽霊女もかくやの醜さ。あまりにも変わり果てているお陰で、自分の顔だと認識できないほどだった。

——これじゃ、みんなを驚かせてしまうな。お見舞いはしばらくの間は遠慮してもらおう。

医師達の心配とは裏腹に、彼女はのんきにそう考えていた。

榊原さんが本当に驚きショックを受けたのは、一週間ほど後のこと。

病室を訪れた会社の後輩から、不可思議なことを聞かされたときだった。

「あの……事故当日の朝、私、榊原さんからの電話を受けたんですけれども……」

2. 後輩の証言

同じ広告代理店に勤めていた高野しのぶさんは、当時をこう振り返る。

「電車の時間の都合で、私はいつも割と早く出社してました。その日も一足先に仕事をしていたら、電話が掛かってきたんです。『ついさっき、ちょこっと事故っちゃったから遅刻する』って」

通話相手は、先輩社員の榊原さんだった。

ハキハキした人なのだが、とにかくそそっかしい。何もないなだらかな床の上で躓《つまず》いたり、酔ってもいないのに階段を踏み外して落ちたり。いつもかすり傷を身体のあちこちに作っている。

そんな彼女から「事故にあった」と伝えられても、高野さんは、

「榊原さんったら、またそのへんでコケたんですか」

と、至ってドライな反応しかできなかった。

『あはは、そうなのよー。ごめんねえ、自転車でやっちゃった。でも、ぜんぜん大丈夫だから』

電話の向こうの榊原さんもまたからりと答え、午後のプレゼンには出席するつもりであ

ること。だけど、まだその準備が完璧には終えられていないことなどを、高野さんに伝えた。

『だからね！　申し訳ないんだけど、手直しをいくつかお願いできないかなって。それと、あのカンプの件と、あとね……』

矢継ぎ早に仕事の指示をしたあと、榊原さんは上司と電話を代わってくれと言った。その後の通話も、わずか数分程度で終わったようだった。

「榊原さん、なんて？」

出社してきた同期の男性が、何処か面白そうに訊ねてくる。

「午後には出社するつもりだから、昼一のプレゼンの準備をちゃんと進めておいてほしいって」

「ホント、おっちょこちょいだよな、あいつ」

電話を切った上司も、気楽な調子で会話に参加してきた。

「しかも、ちょっと大袈裟っていうか、何でも話を大きくするところあるじゃん？　事故ったとか言ってるけど、チャリで滑ってそのへんの電柱に突っ込んだとかゴミ箱ひっくり返したとか、またきっとそんな程度だよ」

高野さん達はひとしきり笑い合い、そのまま始業時間を迎えた。

朝の簡単なミーティングの最中、けたたましく電話が鳴った。一番電話の近くにいた高野さんが、今度も何げなく受話器を取る。

『あの、榊原英実の母でございますが』

電話の相手は意外な人物だった。

『先ほど娘がトラックに撥ねられまして。しばらく入院しないとなりませんので、申し訳ありませんが、お休みをいただけないかと……』

高橋さんは耳を疑った。

ほんの五分かそこら前に、榊原さん本人と話したばかりじゃないか。まさか、一度自転車で転んで、それから改めてトラックに撥ねられでもしたのだろうか？

呆然とする高野さんに、

『救急車で搬送されて、今、集中治療室におります』

更に、驚愕の知らせが告げられた。

3. 再び、被害者の証言

事故調書ってあるじゃないですか、と、榊原さんは言う。

「普通は事故現場で警察官の立ち会いの下で調書を取るらしいんですけど、私のような重傷患者の場合、退院してから改めてやるんですよ。今はちょっと違うかもしれませんが、とにかくその頃はそうでした」

だから、事故から二週間後、榊原さんは退院して真っ先に警察署へ向かうこととなった。本当はまず自宅に寄って寛ぎたかったが、調書がなければ保険関係の手続きが進められないというのだから仕方がない。

対応に当たってくれたのは、如何にもベテランといった風情の制服警官だった。

「当日、事故検分したのも僕なんだよね。五、六メートルぐらいぶっ飛んでたよ、君の自転車。ホント、無事でよかったね」

柔和な調子で、彼は事故当時の状況を聞かせてくれた。

榊原さんが焦っていたのと同様に、朝の大通りを走っていたトラックドライバーもまた、かなり気が急いていた。歩道の青信号が点滅していたのは見えていたが、走り込んでくる彼女の自転車には気がつかず、車をスタートさせたのだそうだ。

「本当はこういうこと、警察の人間が言っちゃいけないのだけどね。あなたがね、そのトラックのほうをまったく見ないで、全力で突っ込んだのがよかったの。だから、車輪に巻き込まれずうまいこと跳ね返った」

「はあ」

「それと、目撃者がすぐ近くにいてくれたのもラッキーだったね」

事故現場のすぐ横にビルがあり、そこの守衛さんが全てを目撃していた。

路上で、榊原さんに『動かないで』と警告したのも彼だった。そして、守衛さんが救急車を呼んでくれたお陰で、彼女はすぐに搬送されて治療を受けられたことなどを、彼は気安く詳《つまび》らかにしてくれた。

「あの」

その様子に、思い切って榊原さんは訊ねてみた。

「その日の朝、事故直後の時間に、会社に私から『遅刻する』って電話が掛かってきたそうなんですが」

「まさか」

初めて、ベテラン警官の顔が曇る。

「あなた、頭を強打して意識不明だったんだよ？」

「その守衛さんが電話を貸してくれたとか……」

「ある訳ないでしょ」

「じゃあ、救急車の人が電話してくれたとか……」

「もっとないよ」

「でも、後輩は間違いなく私本人だって……それに、上司も同じ電話に出て私と話したそうですし……」

躊躇《ためら》いながらも食い下がる榊原さんに、「じゃあ、後で一応確認しといてあげる」とだけ告げて、彼は調書をぱたんと閉じた。

4. その後の話

『患者はストレッチャーで一直線に集中治療室へ運びこんだ』

『頭を強打して出血していたのだから、当然』

『公衆電話など事故現場付近にはなかった』

後日もたらされた救急隊員からの報告は、ごく常識的なものだった。

榊原さんは更に一週間後、自宅療養を経て会社に復帰した。その顛末《てんまつ》を含めて全てを上司達に報告するしかなかった。

社内では既に面白半分に話が広まっており、

「生き霊だ、きっと生き霊飛ばしてたんだ」

「そんなに仕事が心配だったのか」

「社会人の鏡」

と、同じ社屋の人たちはもちろん、他の支社の人にまでくまなく伝わってしまっていた。

お陰で、榊原さんは出張のたびに、

「あ、あの生き霊の人ですか」

と、珍獣扱いを受けることになったという。

「でも、いいんですよ、それはそれで。お陰で、何処へいってもすぐ覚えてもらえたし、飲み会なんかでも重宝されました。ええ、数年後に退社するまでずっとです」

苦笑いで、榊原さんは更に語る。

「問題は、会社の偉いさんでしてね。私が復帰した後、残業してるところを見るたびに言うんです……『なあ、榊原。これだけ切羽詰まってるんだ、事故のときみたいにもう一人出してくれないか？　なんなら、生き霊手当支給も考えてやるから』って」

口調は冗談なんだけど、目が本気で。

それが一番怖かったと、彼女は苦笑いする。

窓からの視線

1

未曾有の病禍により、今では多くの会社で取り入れられるようになったリモート勤務。某編集プロダクションの社員、樋口靖彦さんはその先駆者の一人だ。

一年前、母が倒れて要介護になったのをきっかけに、郊外の実家に仕事場を構え、月に三度ほど都心にあるオフィスへ出勤する生活を続けていた……もう過去形だが。

初めは通勤地獄や気の合わない同僚とのストレスフルなコミュニケーションから解放されたと、手放しで喜んでいた。

けれど、日が経つうちに、別の問題が見えてきた。

プライベートと仕事の境目が酷く曖昧なのだ。終電時間に追いまくられ、間に合わなければ社内に寝泊まりするかタクシーに乗るしかない暮らしからは解放された。

が、担当作家やイラストレーターは夜型人間が多く、時間を問わずに気軽に連絡を取ろうとしてくる。

もっとも閉口したのは上司とのミーティングだった。

社内では多忙をいいことに適当にいなしていた相手でも、一対一のリモートミーティングでは逃げ場がまったくない。

「俺の若い頃はさあ、出版社ってのはもっと活気があったもんだよ」

「作家も編集者も無頼派が多かった。今の連中は大人しくて覇気に欠ける」

「樋口ももっといろんなことに目を向けて遊んでみろ、人生勉強だと思って」

などと、愚にも付かない話を延々と聞かされる。

今までだったら同僚達とのランチや飲み会で愚痴り合い、ストレスを晴らせた。しかし、それすらこの環境ではなかなか難しい。

一方、同居している家族は、そんな彼の事情にまったく頓着してくれなかった。

「家に始終いるのに、家事を手伝わない」

「パソコンに向かってブツブツ言っていて、呼んでもなかなか部屋から出てこない」

「夜更かしと朝寝ばかりで食事のタイミングも合わない」

などと、四六時中、不満をぶつけられる。

満員電車に揺られていた頃とは違う疲労が、樋口さんの中でゆるゆると溜まっていた頃のことだった。

その日も、彼は夜更けまでリモート会議の画面を開いていた。

相手は長年付き合いのあるデザイナーで、パソコンの扱いにも詳しい。

モニター越しに新刊のカバーイラストのデザインについて延々と検討し続けていると、ふ、ともう一つウィンドウが開いた。

一体誰がアクセスしてきたのだろう？

このリモートミーティングはパスワードが設定されており、彼と同じ部署の者か直接の取引先にしか入れないようになっているはず。しかも、その参加者はまったく発言しようとしない。

「これ、誰なんでしょうかね。入室しといて無反応なままとは、マナーがなってないな」

やや強い調子の彼の言葉に、デザイナーの目がきょとんと丸くなる。

『今このミーティングルームにいるの、僕と樋口さんだけでしょう？』

「えっ」

樋口さんは再度ディスプレイをまじまじ見やった。

間違いなく、そこにはもう一つウィンドウが開いている。

「いや、こっちだと三つウィンドウが開いて見えてるんだけども」

しかも、そのウィンドウは一分経とうと二分経とうとずっと真っ暗なままで、誰の姿も映し出されてこない。本来ならば左下に出るはずの参加者名も現れていなかった。

「おーい、どうした？　回線の調子が悪いのか？」

樋口さんが何度呼びかけても、漆黒のウィンドウからは何の反応もなく、やがて、出てきたときと同じように、ふいと消えてしまう。普通なら『誰それが退出しました』というメッセージが出てくるはずなのだが、それもまったくなかった。

『何でしょう、混線ですかね？』

ベテランデザイナーが苦笑いする。昔の有線電話じゃあるまいしそんなことあり得るのだろうか。樋口さんは首を捻った。

「まあ、今度の編集部内会議で誰だったか確かめてみますよ」

と言って、彼は場を納めて仕事の話に戻り、そのまま忙しさに取り紛れて忘れてしまった。

2

次の異変は一週間後。

やはり、夜中のことだった。

編集部の後輩二人と、次の本について打ち合わせをしていたとき、ふっとウィンドウが開いた。

また、左下に記名はなく、画面は真っ暗なまま。

身内同士のミーティングだし、誰かが気楽に構いにきたのだろうと、樋口さんは思った。

「おーい。ミーティング参加するなら、ちゃんと名前登録して、まず挨拶して？」

宥《なだ》める彼に、後輩達はそれぞれ不審げな目を向けてくる。

『樋口さん、突然どうしたんですか？』

『誰に言ってるんです？』

「いや、なんかもう一人参加してきたぽいから。でも、音声ミュートにしてるしウィンドウは真っ黒けで」

『またまたー。そういう冗談止めて下さいよ、樋口さん』

『今このミーティングルーム、私達三人しかいないのに』

代わる代わる後輩達が笑う。

しかし、樋口さんのモニターには、依然として第四のウィンドウは開いたまま沈黙を保っている。

『疲れてんじゃないスか、先輩。昨日のメールも凄い時間に来てましたもんね』

『このへんでお開きにしましょうか』

気遣う二人の横で、謎のウィンドウはまたふっと消えた。今度も退出メッセージはない。

誰かにからかわれたのだろうか、と、首を捻りながらも樋口さんはミーティングを終了させた。

しかし、その次の週、そのまた次の週も、黒いウィンドウは現れた。

樋口さん自身がホストのミーティングのときもあれば、他の誰かがホストのときもある。長くモニターに留まっていることもあれば、すぐに消えることもあった。

共通しているのは、時間帯。

昼の会議にはまったく出てこない。決まって夜遅くに、ウィンドウはそっと開く。

悪戯にしては度が過ぎている。

そう思った樋口さんは、慌てて社内セキュリティを担当している部門へ問い合わせた。

『誰かに勝手にアクセスされているのだとしたら、大事ですよ。もっと早く言って下さらないと！』

システムエンジニアにかなり咎《とが》められたが、数時間後に知らされた調査結果は――「特に異常なし」。

セキュリティが破られた形跡も、その他、怪しいバグなども存在しないという。

その報告を聞いたとき、樋口さんは「ハッキングされたとかシステムを乗っ取られたとかでなくてよかった」と、まずホッとした。社内でテレワーク第一号になった自分がシステム破壊の引き金になったら後進の行く末に関わる。

だが、次第に、じわじわと不快さが募ってきた。

――ならば、あれはどういう現象なんだろう？

今のところ実害はない。

しかし、システム管理のプロフェッショナルに「問題ない」と断言されてしまったことで、かえって不可思議さが増してしまった。

翌日の夜、またも後輩とのミーティング中に、例のウィンドウが開いた。

前にも増して気味が悪い。樋口さんは震え上がり、ミーティングの終了ボタンを押そうとした。

そのとき、闇が蠢《うごめ》いた。

まるで、こちらの怯えを悟ったかの如く、ぶるりと震えたのだ。

今まではずっと墨を流しこんだように闇一色だったものが、今は違う。何かが集まり合わさり、ぞわぞわと蠢いている。

とっさに樋口さんは動けなかった。

ミーティング相手の後輩が何かをしきりに話しかけてくるが、反応できない。ただ黒い黒い小さなウィンドウに、視線の全てを奪われているだけ。

「何だ、これ……何なんだ、これ」

システム上の異常がない？

では、どうして、俺のところだけにこのウィンドウは表示される？

すい、と黒い小窓が閉じたとき、もう一時間が経過していた。

3

次第に、樋口さんは夜更けのリモートミーティングを避けるようになった。

打ち合わせは昼か遅くても宵の頃に済ませ、夜には一人の作業を進める。聞き分けない担当作家ややこしい上司にも、夜は電話でしか応対できないと言い含め……そうして、一ヶ月ほどが過ぎた。

毎年お盆には、印刷所や出版取次会社が長期休みに入る。

それに対応するため、何処の出版社もスケジュールを前倒しして、入稿を迫られる。いわゆる「お盆進行」というものだ。この時期は仕事のボリュームが一気に膨れるため、もはや樋口さんも昼夜を問うてなどいられない。

そこへ、トラブルが起きた。

一人の些細《ささい》なミスが雪だるま式に大きくなり、このままでは新刊の発売に支障を来すほどに発展してしまった。

「ここのスケジュールを何とかやりくりして」

「こっちのデザインをあちらへ回して」

「これは他の編集プロダクションにお願いするしかないな」

そうして必死にやりくりし続け、ようやく仕事が終わりに差し掛かってきた頃。

ふっ、と、未知のウィンドウが開いた。

しまった、と彼が思ったときは既に遅い。漆黒の窓に目が引きつけられ、まったく動かせなくなってしまった。

前のときと同じように、黒い窓はぞわりぞわりと動き出す。

初めは、ただただひたすらに闇。次第にその黒の間に、ちらちらと白いものが滲《にじ》み出る。

樋口さんはその光景に見覚えがあった。昔、付き合っていた女性が髪をかき上げる仕草。流れ落ちる前髪から、わずかに見える真っ白な肌――それに、あまりに似ていた。

ゆっくりゆっくりと、窓の向こうの景色は変わっていく。

樋口さんの全身から冷たい汗が滴り落ち、キーボードをしとどに濡らした頃、はっきりとその黒が人の毛髪だと分かるようになった。長い長い黒髪が、ウィンドウいっぱいに映し出されているのだ。

――頼む、もう閉じてくれ。

瞼も閉じられず、目を逸らすこともできないまま、樋口さんは祈った。

――いつもみたいに、早いところ消えてくれ。

だが、その願いは叶えられなかった。

小さなウィンドウの中、黒と白の割合が刻一刻と変わっていく。

やがて、モノクロの世界を、鮮烈な紅が彩った。

目が。

充血した女の目が、ぎろりと。

こちらを向いた。

4

翌朝、樋口さんは自室で気絶しているところを家族に発見された。

そのとき、彼のパソコンは、何事もなかったかのようにスクリーンセイバーを延々と映し出していたという。

その後、樋口さんは最低限のデータの移行だけして、そのパソコンを捨てた。

会社にも家族にもノイローゼを疑われ、医者の勧めで職場と実家の中間にアパートを借りた。母親の介護はプロのヘルパーに任せ、土日にだけ実家に戻るという暮らしを続けている。

「お陰でリモートミーティングを開く機会はグッと減りましたし、例のウィンドウと出くわすこともなくなりました」

だが、時代は変わる。

当時は珍しかった在宅勤務も、これから増えていくことだろう。

「俺、本当に気が気じゃないんです。誰かがまたあの窓を覗き込んで……いえ、あちらから覗き込まれてしまうんじゃないかと思うと」

震える唇で、彼はそう呟いた。

目が。
女の目が、こちらを見ていたのだ、と。

認知の歪み

『ユリっぺ〜！　久しぶりにゴハン食べに行こうよ』

桃実は学生時代の友人、ユリにメッセージを飛ばした。

ピロンと通知音がして、秒で返信がきた。

『彼氏とのイチャラブエピソードを報告するつもりならお断りだ！』

ユリは彼氏はいないが今すぐ結婚したいという、矛盾した乙女の祈りを抱えて生きている。

『そんなんじゃないよ。彼氏とかいないし』

『ならば安心したぞ。同志ももみー』

ユリにとっては、人類は二つのタイプに分かれる。パートナーがいる人類と、いない人類だ。そして、いないタイプは全て、ユリの同志らしい。

『ただちょっと会社の愚痴を聞いてもらいたくて』

『そういうことなら大歓迎。ガス抜きは必要だよね。かすみんも誘っていい？』

『もちろん』

かすみんこと香澄も、二人と同じ学校の同級生だ。

『なんかさぁ、かすみん、最近ちょっと変わっちゃったんだよね』

『え、何かあったの？』

『分かんない。だから、それを聞き出すためにもゴハン会は必要なのだ。何か相談に乗れることがあるかもしれないし』

『オッケーオッケー！　じゃあ、善は急げだ。明日の会社帰り、ファミレスに集合』


という訳で、三人でファミレスに集まる。久しぶりの挨拶を終えると。

「んで、まずはももみー。どうしたの？　会社で嫌なことあった？」

ユリはまず桃実の話を聞く姿勢になった。

「一ヶ月ほど前、庶務課から経理課に転属になったんだけどさ」

桃実は中堅商社の一般職をしている。

「パワハラ受けてるんだよ」

「何それ酷い！　どんなパワハラなの？」

ユリは前のめりになった。

香澄は黙って聞いている。

「それがさ、今いる経理課の課長じゃなくて、前の庶務課の課長がパワハラすんのよ」

「えー、何じゃそりゃ。転属前からパワハラされてたの？」

「もともと凄い良い課長でさー。なのに別の所属になってからなんだよね……」

「何でだろ。変だね。で、どんなことされてるの？」

「つい昨日のことなんだけど」

「私にメッセージくれたよね」

「うん。庶務課の前を通り過ぎたら課長に呼ばれてね。突然胸を掴まれて……」

「それ、パワハラじゃなくてセクハラじゃん！」

黙って聞いていた香澄が少し大きな声になって入ってきた。

「いや、そうじゃなくて。こう、胸倉を掴むっていうのかな。シャツをぐいっと掴んで」

「掴んで？」

「ていっ！　って。柔道の技で投げられた」

「えええええええ？　怪我しなかった？」

「うん。投げられて、ふわっと身体が宙に浮いたと思ったら、うまいこと置いてあった椅子にすとんって座れたの」

「何じゃそりゃー！　怪我がなくてよかったねぇ」

ユリは大袈裟に驚いた。

「ね、これってセクハラじゃなくてパワハラでしょ」

桃実の言葉に、香澄は首を傾げた。

「パワハラのパワーは、権力のことだよ。職場での権力を振りかざして、精神的・肉体的な苦痛を与えることをパワハラって言うのね。ももみーが受けたのは、権力じゃなくて腕力を振りかざしているから、パワハラとはちょっと違うかな」

「え、そうなの？」

「胸倉掴んでるから、やっぱりセクハラのほうじゃないかなと思う」

香澄は断言した。

「そうか、セクハラのほうだったのか」

「ハラスメントなんだから、ちゃんとしたほうがいいよ。被害を受けた当人がハラスメントを受けたと思ったら、それはもうハラスメントなので」

「うーん。でも、投げられたあと、部署の人たちは拍手喝采で。なんか、面白い曲芸でも披露したかのように盛り上がっちゃったんだよね。それをセクハラとは言いにくいし、まぁ、私もこれがパワハラっていう奴なのかなって思って、びっくりしちゃっただけで、訴えるほど嫌って訳でもなかった。今日、話したかったのも、嫌だから愚痴を言うっていうより、面白体験をしたから話したかったたって感じだし」

「じゃあ、ここは穏便に済ませるのね」

「うん。余計な騒ぎを起こすと、今いる部署の経理課長に睨まれそうだから。ハラスメントはされてないけど、今の課長のほうが苦手なんだよ。むしろ、柔道課長のほうが好きって感じ」

桃実の話題が一段落した。

香澄は運ばれてきた焼き鳥を串から外すと、小皿に鶏肉をひとかけら取り分けた。

今日、数あるチェーンの中でも、このファミレスにやってきたのは、「焼き鳥フェア」をやっていたから。焼き鳥大好きの桃実のリクエストだった。

「かすみん気が利くー。取り分けサンキュー」

桃実は、香澄が小皿に取り分けた鶏肉を箸でつまむと、ひょいぱくと食べた。

「あ」

香澄は思わず小さく声を上げる。

「え？　あれ？　食べちゃダメだった？」

「ううん、大丈夫だよ……多分」

「多分？」

「いやいやいやいや、気にしないで」

香澄は大きく手を振った。

「でさー、ユリっぺから聞いたんだけど、かすみんは最近なんか雰囲気変わったんだって？　イメチェン？」

「そうそう、その心境の変化っぽいものを聞かせたまえ。もしもつらい恋愛をしているなら、相談に乗るから」

ユリは瞳を輝かせた。

「御期待に沿えず申し訳ない。つらい恋愛とかしてないし、特に変わったつもりはないよ？」

「えー、うっそだー」

ユリは口をとがらせて変顔をしながら、親指を下に突き出し、ブーイングをした。

「絶対雰囲気変わったよ。つらい恋愛をしていないのであれば、もしかして、幸せな恋愛のほうをしちゃってる？」

「恋愛は今のところしてないな。でも、仕事が楽しいから幸せだよ」

「前に、凄い文句を言ってた同僚は？」

「それはもう、大丈夫。ぜんぜん気にならなくなった」

香澄はにっこりとほほ笑む。何故か、背筋がぞっとするような微笑だった。

「なるほど。かすみんも成長したんだね」

ユリと香澄のやり取りを聞いていた桃実が、突然大声を上げた。

「あれーっ！」

「どうした」

「ない、ない、ない」

「何がないの？」

「手元の小皿に確保しておいたつくねがない！」

桃実はキョロキョロとテーブルに並べられたお皿を眺めまわす。

「自分で食べちゃったんでしょ」

「そんな記憶はないし、そもそも食べ終わってたら串が残っているはず。でも、何にもないんだもん」

「認知症かね。ボケるのには早すぎるよ」

「ボケてなんかないもーん！」

気が動転しているのか、お皿の下や鞄の中まで探し始めた。

「あ、あった！」

漸く見つかったのは、テーブルの下。しかも、串だけである。

「やっぱ自分で食べてて忘れちゃったんじゃん」

ユリは桃実にツッコミを入れた。

「食べた覚えないんだけどなぁ……」

首を捻る桃実に、香澄が何故か謝った。

「なんかごめんんね。また同じの頼もう？」

「かすみんが謝ることはないよ。でも、同じ焼き鳥盛り合わせは頼むけど」

桃実は勢い良く、ピンポンを押した。


次の休みの日。

「それでさー、最近、かすみんはパワースポット巡りに付き合ってくれなくて、車を出してくれる人がいなくなっちゃったんだ」

ユリと桃実は、箱根登山鉄道に乗っていた。

「へぇ。どんな心境の変化なんだろうね。彼氏はいないって言ってたし」

「謎だよねー。ホント、雰囲気変わったし」

「そうそう、前はもっとのんきな感じだったのにねぇ」

「まぁ、この場所にいない人の話題はよそう。でさ、ももみーはあれ以来、腕力のほうのパワハラは受けてるの？」

「それは大丈夫。でも、何故か柔道課長は、たまに経理部の人を捕まえては投げてるみたいなんだよね。あれは止めさせないと、いずれ問題になると思う」

「変人だな」

「経理課長よりはいい人なだけに、ホント問題になってほしくないわ」

「でもさぁ、ももみーも変な時期に異動になったよね。普通、人事異動って六月くらいじゃない？　何で十二月のこのクソ忙しい時期に異動になるかなぁ」

「ああ、それはね……」

桃実はしょっぱい顔になった。

経理部では、桃実が転属になる少し前から、辞めたり、病気になって休職したりする人が続出していたのだ。

これから年末から年度末に掛けて、経理部の忙しい時期を乗り切るには、人員があまりに減ってしまったので、普段は異動のない時期なのだが、桃実が異動になったのだ。

「私の前任者は、若年性認知症になって辞めたんだって。そのせいか、引き継ぎが何にもなくて、マニュアルも最新版じゃないし、凄い困ってるんだ」

「いくつくらいの人だったの？」

「アラフォー」

四十歳前後で認知症は、早い。

「それがさ、今在籍中の人の中にも、なんか若年性認知症なんじゃないかなって思えるような行動をする人がいるんだよね。でもさ、若年性認知症って移ったりしないでしょ」

「コロナじゃあるまいし」

「だから、たまたまなんだとは思うんだけど、若年性認知症の人が続けて出たって認めたくないのか、これ以上人員を減らしたくないのか、部署の人たちが凄い庇うんだよね。その人のミスとかを」

「あー、年末から年度末に掛けての経理部で、人員が減るのと、ミスの多い人員でも確保しておくのと、どっちがいいのか問題」

「それもあるけど」

桃実は一つ、ため息をついた。

「その認知症っぽい人、こないだドアが開けられなくて、経理課の外に出られなかったんだよ。それで、困って課の中をぐるぐるぐるぐる回ってるの」

「えーっ！　そんな症状があるんだ。病院行ったほうがいいよねぇ」

「そう思うでしょ。でも、課の人はみんな凄い庇うの。ぐるぐる回ってたら、親切にどうしたのか聞いて、ドアを開けてあげたり、場合によっては行きたいところまで連れて行ってあげるの。トイレとか」

「慈愛に満ちあふれた部署だね」

「私はその人のこと、心の中でぐるぐるさんって呼んでるんだけどね。多分、その人の面倒見てたせいで残業とかになってると思うんだよ」

「わー」

「ドアが開けられなくなってるのに、仕事がきちんとやれてるのか、ホント疑問。その、ぐるぐるさんのやった仕事内容を直接見た訳じゃないけど、表計算ソフトに数字を入れるだけの作業でも難しいはずだよ。私はぐるぐるさんが正常だった頃のことを知らないから、部署の人たちが一致団結してフォローしているのも、正直、気持ち的についていけない」

「ぐるぐるさん、以前はいい人だったんだろうけどね」

「切ない」

二人はため息をついた。

「でもさー、そのうちフォローもしきれなくなって、人員増やしてもらえるでしょ」

「だといいなぁ」

またため息。

「辛気臭くなっちゃってごめんね。パワースポットでイケメンの彼氏をゲットして、幸せになれるようにお祈りしよう」

「そうしよう。箱根の神社は恋愛に効くってもっぱらの評判だから。明日には彼氏ができてるはず！　いや、明日には彼氏ができます」

ユリは断定形に言い直した。

「何故断言した」

「そういう風に言うと、願いが叶いやすくなるんだって」

「えー、それはちょっと日本語として違和感ある」

二人は笑い合った。

箱根登山鉄道、箱根ロープウェイを乗り継いで、湖のほとりにある神社まで、遊覧船で向かう。

「これは壮観」

ユリは思わず呟いた。

湖の景色も良いのだが、ユリの視点はそこではない。

遊覧船には妙齢の女性が鈴なりになっている。流石評判のパワースポットだ。

「ここの神社は、一の鳥居から順番に五の鳥居までくぐると御利益御効果が倍増するんだって」

ユリは桃実に説明した。

「ゲームみたいだね」

桃実はあまり信じていない雰囲気だ。

今回、ユリのパワースポット巡りに付き合ったのは、恋愛運アップの御利益を求めるというよりも、会社の愚痴を誰かにこぼしたかったからなのかもしれない。とはいえ、まったく恋愛運に興味がないという訳でもなく、観光の記念に遊覧船の中で写真を撮ったりしている。

「船に乗るなんて、あんまりないことだから楽しいね」

桃実はスマホを片手に写真を撮りまくる。

空はからっと晴れていて、透き通る青。鳥居は鮮やかな赤。それだけで写真映えする。

船着き場に到着して、船を下りる。

桃実はまだスマホで風景写真を撮るのに夢中になっていた。

「あ、凄い綺麗な鳥がいる」

スマホの画面を見ながら、桃実は走り出した。

「えっ！　ももみー？」

突然走り出した桃実を、ユリが止めようとするが、間一髪、間に合わない。

どぼん。

派手な音を立てて、桃実は芦ノ湖へダイブした。


それからはてんやわんやの大騒ぎだった。

遊覧船に、救助用の浮き輪などがあったので、桃実は何とか助かったが、もちろん服はずぶ濡れだ。

知らないおばさんが「旅行中で着替えがあるから」と、服を貸してくれた。桃実達は日帰りの予定だったので、余分な服は持っていなかったのだ。

ユリは丁寧にお礼を言って「クリーニングをしてお返しします」と、おばさんの住所と氏名を聞いていた。

桃実は茫然自失だった。

芦ノ湖にダイブするつもりなんて、もちろんなかった。何しろ今は十二月。真冬の冷たい湖に、好き好んで飛び込む訳がない。

でも、それじゃあ何で飛び込んだのかと聞かれたら、理由は桃実本人にもまったく分からなかった。

「歩きスマホなんかしてるから！」

「まったく今時の若い子は！」

「周りの迷惑も考えなさい！」

桃実は周りの大人に怒られ、ユリは平身低頭謝っていた。

「ユリっぺ、ごめんねぇ……」

半泣きで謝る。

「せっかくの楽しい旅行なのに、台無しにしちゃって、ごめんねぇ……」

「大丈夫だよ、誰にでも失敗はあるし。そうだ、日帰り温泉に立ち寄っていこうよ。身体を温めて気分をリフレッシュしてから帰ろう。落ち込んでてもしょうがないから、切り替えるんだ」

「うん……ありがと……」

早々に湖を退散して、二人は塔ノ沢の立ち寄り温泉へと向かった。

「それにしても、何であんなことになっちゃったのか、自分でも分からないんだよね」

温泉に浸かりながら、桃実は言った。

「綺麗な鳥がとか言ってたよ。鳥なんていなかったのに」

「まったく覚えがない」

桃実は頭を抱える。

「もうね、考えてもわかんないことは、わかんないんだよ。ほら、数学の問題だってそうだったでしょ」

「確かにユリっぺの言う通り」

二人とも数学は大の苦手だった。

「だから、考えても分からないことは諦めて、楽しいことを考えよう」

「おー！」

「私ねー、今度は栃木の織姫神社ってところに行ってみたいんだよね」

「おお？」

「縁結びで有名な神社なんだって」

ユリは何があってもマイペースにパワースポットを探求するのであった。


「良いお湯だったね」

二人は温泉施設を出ると、バスを待った。バスの本数はそう多くはないのだが、鉄道の駅まで坂を上るよりはバスを待つほうが楽だと思ったからだ。

「……」

色々あって疲れが出たせいか、二人とも口数は少なかった。

そして、停留場にやって来るのが見えたそのとき。

「あ、猫ちゃ〜ん」

桃実はやって来るバスに向かって飛び出そうとする。

猫など何処にもいない。

「桃実！」

今度は間一髪、ユリが首根っこをひっ捕まえるのが早かった。

『っていう訳でね、なんだか今日のももみーは、すっごいすっごい変だったんだよ』

ユリは香澄にメッセージを飛ばした。

『それは……心配だね』

『でしょ！　仕事がつらくてメンタルにきちゃってるのかな。なんか会社のぐるぐるさんとかいう変な人の話とかしてた』

『ぐるぐるさん……』

香澄は会社の、話の通じない同僚にチョットコレというあだ名を付けている。だから、何となく桃実が会社で何か大きなストレスに悩まされているのかもしれないと想像してしまった。

『それは心配。話くらいだったら聞けるから、またこないだのファミレスでゴハン食べよう』

『そうしよう！』

二人はさっそくスケジュールを合わせに掛かった。


やはり、何かメンタル疾患に罹っているのかもしれない。

桃実は出勤すると、まず、そう思った。

なんだか、いつもよりフロアの色がどんよりと曇っているような気がするのだ。昨日は変なことが立て続けだったし。一度病院に行ってみるのも良いかもしれない。

そんなことを考えていると、経理課長が出勤してきた。

「おはようございます」

当たり前の挨拶をする。

「課には慣れましたか？」

「はい、それなりに」

「私にはそうは見えませんが」

経理課長は嫌な言い方をした。朝一番に、こんな嫌味を言われるのは気分が悪かった。

そして、こんな嫌な言い方をするからには、理由があるのかもしれないと思い至った。課のみんなが一丸となってぐるぐるさんを庇っているのに、桃実だけ協力的ではない。もしかしたら、そのことを暗に非難しているのだろうか。

「転属したばかりで、課に馴染めていないのか、馴染むつもりがないのか」

「そんなことありません」

「では、明日、仕事が終わったら二人で飲みにいきませんか」

経理課長はねっとりとした視線をこちらに向けてきた。

この課にいつも人手が足りていないのは、若年性痴呆症の人が会社を辞めたからだけではない。実は、経理課長のセクハラに耐えかねて辞めたという噂がある。

とはいえ、こちらはあくまで噂にすぎない。

「それともやはり、経理課には馴染めませんか」

経理課長には奥さんも子供もいる。そんな簡単にセクハラなんかする訳ない。

それよりも、この課にもう馴染んだところを見せてやらねば。桃実は挑まれたような気持ちになった。

受けて立ってやる！

「では、こちらのホテルのバーで」

経理課長は、超高級シティホテルのバーを待ち合わせ場所に指定してきた。所在が書いてあるカードを桃実に渡す。

いつもファミレスでのゴハン会しかやらない庶民の中のド庶民、桃実にとっては、超高級シティホテルの名前を出されただけでもビビッてしまう。

いやでも。

受けて立ってやる！

ビビりながらも、自分を奮い立たせた。


……のだが。

仕事をしているうちに、桃実はだんだん我に返ってきた。

何か変だ。

昨日から、するつもりもないのに湖にダイブしたり、いもしない猫を追いかけてバスに轢かれかかったり。

経理課長の誘いに乗るのも、昨日からの一連の流れから考えると、良いことではないかもしれない。でも、ここで行かなかったら課に馴染んでない証拠だと思われてしまう。

一体どうしたら良いのだろう。

迷いに迷っても、桃実の中で結論は出ない。

行かないほうが良い気もするし、受けて立たなければならないような気もする。

こんなときは、友達に相談だ。

桃実は昼休みに、香澄とユリと三人で作っているグループチャットにメッセージを飛ばした。

『という訳で、行くか行かないか迷ってるんだけど』

桃実のメッセージに、ユリが秒で返信してきた。

『超高級シティホテルのバーで待ち合わせて不倫てコースに決まってんじゃん。何それ、ももみー、自慢なの？　彼氏のいない私に対する挑戦なの？』

　思ってもいなかった返信に、何と答えて良いか迷っていると。

『いいからユリっぺは黙ってて』

　香澄から返信があった。

『あのね、ももみーは今、認知が歪んでいると思うの。まずは冷静に考えてみて。業務外の時間に、課長とホテルに行くことは、会社の仕事ではないのよ』

　確かにそうだ。

『会社の仕事ではないところで、ももみーが課に馴染んでいることを証明する必要はあるかな？』

　はい。ありません。

『まずは、その誘いには絶対に乗らないこと。そのうえで、誰か信頼できる、上役にこのことを相談して。私には誘いには乗らないでと言うことしかできないけど、会社の中で立場のある人なら、もっと親身にこの相談に乗ってもらえると思うから』

　なるほど、と思っていると、ユリからも着信があった。

『私、今、気付いちゃったんだけどさ、ももみーの会社には悪いけど、そこの課長クラスのぶんざいで、超高級ホテルで不倫しようなんざ、ちょっと生意気なんじゃない？　どっからそのお金が出てるのか。調べてみる価値あるかもね』

『さっきの黙ってて発言は取り消す。良いところに気付いた。流石ユリっぺ、俗物』

『褒めてないからそれ』

『あと、凄く心配だから明日の帰りはそっちの会社まで迎えに行く。友達がいたら、経理課長も手が出せないでしょ』

『私も行く！』

持つべきは友である。

昼休みが終わりそうになったので、チャットはそこで途切れた。

業務に戻る前、信頼のできる上役に相談メールを出しておこうと思い、桃実は前の課の柔道課長にメッセージを打とうとした。が、突如、心にまた不安が押し寄せてくる。

本当に行ってはいけないの？　受けて立たなきゃならないんじゃないの？

目に映る全ての色彩が、灰色がかって見えてきた。

ふと、廊下のほうに視線を走らせると、ぐるぐるさんが徘徊していた。

まだもう少し昼休みの時間があって、たまたま今、経理課には桃実しかいなかった。

入り口が分からなくなったのだろう。ぐるぐるさんのためにドアを開けてあげようと立ち上がったが、なんだか様子がおかしい。ドアのほうに行こうと思っても辿り着けないのだ。

『認知が歪んでいると思うの』

香澄のチャットのメッセージが思い浮かんだ。

これも認知の歪みのせいなのか。このまま、ぐるぐるさんと一緒にずっと徘徊することになってしまうのか。桃実は焦った。

「おい、大丈夫か？」

遠くのほうで声がした……と思ったら、身体が宙に浮く感じがして、すとんと椅子の上に着地した。

途端に、視界の色彩が鮮やかに戻る。

目の前には、柔道課長がいた。

「どうしたもこうしたも、メールで助けを求めてきたのはそっちだぞ。覚えてないのか？」

「はい」

だが、パソコンの画面を見ると、確かに柔道課長に助けてメールを送信した痕跡があった。

「こんなことを言うと、変な人に思われるかもしれないが、今回で二度目だからはっきり言おう。取り憑かれていたから祓ってやったんだ。セクハラとかじゃないからな」

「？」

桃実はぽかんとした。

「あと、ついでだからこの人も祓っておく」

柔道課長は、ぐるぐるさんの胸倉を掴むと、先ほどの要領で投げ、すとんと椅子に着地させた。すると、突然。

「あああ、やっと視界が晴れた！」

ぐるぐるさんは、突然まともに戻った。

桃実には何がなんだか分からなかったが、ただ、何となく自分とぐるぐるさんが、何かに憑かれていたらしいことは理解した。確かに昨日から、我ながら様子がおかしかったのだ。

柔道課長は、柔道部だった学生時代、何故か柔道の投げ技を掛けると除霊ができることを知り、明らかに取り憑かれた人に出会ったときには、柔道技を掛けることにしていたのだそうだ。

「課長、ありがとうございます。漸く意識がはっきりしました。空いている会議室があったらそちらで相談があるんですが」

「私も相談があるんです」

ぐるぐるさんも、桃実も、柔道課長に頭を下げた。


会議室に場所を移して。

桃実の相談は、もちろん経理課長のセクハラについてだった。超高級シティホテルのカードが証拠になって、誘われたことを信じてもらえた。

そして驚くべきことに、ぐるぐるさんの相談というのは「経理課の女性社員が取り憑かれているのは、経理課長のしわざです」という奇天烈《きてれつ》なものだった。

だが、昨日から取り憑かれていた自覚がある桃実には、それほど珍妙な話には思えなかった。

経理課社員は全員、経理課長の術のようなものに掛かっていて、言いなりになってしまっている。経理課長は、帳簿を改ざんさせて多額のお金を横領しているのだという。

もちろん、桃実がホテルに行かなくてはいけないような気持ちになったのは、その術のせいだ。

そして、ぐるぐるさんと既に退職しているもう一人は、経理課長のその術を掛ける力の源を知ってしまったので、特に念入りに術を掛けられていて痴呆症のような状態になっていた。

この、経理課長の力の源というのは「お稲荷様」であった。

この会社には、創業社長が勧進したお稲荷様の祠がある。経理課長は、そのお稲荷様の祠にお供えされた供物を喰っていたのだ。

ぐるぐるさんともう一人は、経理課長が祠の供物を喰っているところを目撃してしまった。そのため、長くぼんやりした時間を過ごさなければならなかったのだという。

「神饌《しんせん》か……」

柔道課長は呟いた。何でも、神様にお供えした食べ物を神饌という。そのおさがりには相応のパワーが込められているのだという。その力で、経理課社員を操っていたのだ。

桃実は、自分が取り憑かれた当事者でなかったら、絶対に信じられない話だと思った。

そして、経理課長に一泡吹かせてやりたい気持ちになった。

そうだ！

桃実は香澄とユリにメッセージを飛ばした。

『予定変更！　明日の晩は、超高級シティホテルのバーに集合よろしく！』

明日の終業後、ぐるぐるさんも、柔道課長も、みんなで超高級シティホテルのバーに集まるということになった。

桃実は一人でやってきたふりをして、バーのカウンターに座っていた。

他の皆も、思い思いにおめかしをして、他の客に紛れて桃実の様子を観察している。

しばらくすると、高級スーツを身につけた経理課長が気障《きざ》ったらしくバーに入ってきた。

おめかしをしている桃実を見て、あからさまにねちっこい嫌な笑みを浮かべる。

「今日はお誘いありがとうございます」

桃実はにこりと笑顔を向けた。

「ほう、ずいぶん物分かりがいいですね」

「私、甘いお酒が飲みたいな」

その言葉に、鼻の下を伸ばす。

「いいとも、こちらの女性に甘いお酒を。私には、まずはビールを貰おうか」

恰好を付けて、ぱちんと指を鳴らしてバーテンダーを呼ぶ。

ほどなくして注文の酒が届き、二人は乾杯をする。

すると、それが合図であったかのように、隣の席に誰かが座った。

「課長、私はシャンパンが飲みたいですわ」

ぐるぐるさんだ。いつも社内で徘徊していたのとは、まるで別人のようにドレスアップして、メイクもばっちり。会社にいるときは分からなかったが、かなりの美人さんだった！

経理課長はあまりの驚きに、ブバッとビールを吹いた。

「お客様……」

バーテンダーがおしぼりを持ってくる。流石超高級シティホテルのバー。嫌な顔一つしない。

「経理課長さんじゃないですか。奇遇ですね」

柔道課長は、経理課長が逃げられないようにがっちりとその背後を取った。

「！」

経理課長は真っ青になって震えている。

「何故……何故正気に返ったんだ」

「さぁて、何でかしらね」

ユリっぺがずいっと進み出た。

「私の友達になんてことしてくれたの」

香澄が更に進み出る。

「ひぃぃぃ！」

経理課長は、初対面のはずの香澄を一目見るなり、床につっぷして土下座した。

「大変申し訳ありませんでした！」

古来より、オオカミ様は狐憑きを払うと言われている。香澄にはその加護があるようだ。

オカルトめいた、祠の供物を喰っていた件に関しては、経理課長は御咎《おとが》めはなかったけれど、横領とセクハラに関しては、次々と証拠が見つかるので、言い逃れることはできず、罪に問われることになった。

そして経理課社員も元社員も、全員、正気に戻ることができたという。

人は誰でも桃実のように、認知の歪み、つまり、誇張的で非合理的な思考に陥ってしまうことがある。本稿は彼女の証言を基に文章化したもので、狐に化かされたかのような体験は、彼女にとっての真実であることは間違いない。

選ばれた人

中川さんの所へ唐突に電話が入った。

相手は知り合いの東だ。

聞きたいこと、相談があるという。

さほど親しくない相手だが、共通の知人が居る手前、あまり無碍《むげ》にできない。

概略の話を聞いた後、何故そんなことになったのかを彼は逆に訊ねた。


東が語る。

彼は十年以上前に仲間とベンチャー企業を立ち上げた。だから当然最初から役職付きだ。

不況のときもあったが何とか乗り切り、今もそれなりに業績を伸ばしている。

好調の波に乗り、思い切って会社の拡大を行うことを決定した。

新社屋へ移る時期に合わせ、社員募集を掛ける。

採用したのは二十代三人と、三十代と四十代の経験者二人だ。

問題は四十代のほうだった。

仕事ぶりは言うことなし。これまで誰も気がつかなかった問題点にいち早く手を付けて改善したり、前の会社の繋がりで新規顧客を広げたりと有能な人材だった。

ただ、東達会社を立ち上げたメンバーにはそれが面白くない。

曰く「ソイツ、俺らより少しだけ（歳）上だからか、何かと意見を言ってくる。雇い主は俺達なのに」。

こうなってしまうと、東ら上層部との人間関係はうまく行かなくなる。

該当人物を会社の和を乱す輩とし、排除に踏み切った。

まず、追い出し部屋的な部署を新たに作り、そこへ追いやる。

同時に彼が企画した案件や顧客は取り上げた。

更に立ち上げメンバーと直属の部下数名でパワハラ（東当人によると「適切な助言と早期退職を勧める言葉」）を繰り返す。

東達の嫌がらせが一年ほど続いた後、かの四十代の彼は突然死した。

場所は自宅で、どうやって死んだのかは分からない。多分自殺だろうと言うことだった。

東は会社の名前で香典を包んだが、弔問は中途入社したばかりの部下に行かせた。

が、葬儀から間もなくだった。

東の会社で解せない出来事が始まった。

日中、電話やネットなどの通信機器にエラーが続き、取引先との行き違いが増えた。

業者に調べてもらっても異常はないとの返答だった。

また、社内に居るときに限って、携帯の電波が繋がりにくくなる。

そして業務の中心となっていた社員数名が一斉に辞めざるを得なくなった。ほぼ同時期に病気になったり、心を病んだりしたためだ。中にはプロジェクトの引き継ぎすらせぬまま失踪した人間も出た。

残ったのは経験の浅い人間ばかりで、仕事が回らなくなる。

当然、会社の業績は悪化の一途を辿り始めた。

と同時に、会社を立ち上げたメンバーが同じ夢を繰り返し見るようになった。

〈硝子戸の出入り口が一つだけある部屋に居る。外は真っ暗だ。ともかく部屋から出るために戸の鍵を開けようとするのだが、それらしいものがない。戸の取っ手すら見つからず、途方に暮れる。途中で硝子を割ればいいじゃないかと気付いて、拳を叩き付けるがびくともしない。どうやっても戸は開かない。脱出するために四苦八苦していると、硝子越しにあの自死した四十代が覗き込んでいる姿が見える。彼はさも嬉しそうに目を細めていた。何だこの野郎、馬鹿にしているのかと怒鳴りながら気がつく。彼には頭しかない。生首だ。気持ち悪さから後退りした途端、その首が業火に包まれて燃えていく。それに併せて部屋の中の温度が急上昇し、蒸し殺される〉

最初に夢の話をしたのは社長で、東と同じ歳の人間だった。

そのとき、立ち上げメンバー全員が同じ夢を見ていたことが分かったのだ。

夢の話を確認し合って以降、今度は立ち上げメンバーにリアルな不幸が舞い込むようになった。事故を起こして怪我をしたり、内臓疾患が見つかったりと、健康を損なう事態が続いたのだ。

東本人も数週間前に自損事故で足を折り、自家用車を廃車にした――らしい。

『なあ、中川さん。俺ら、これは祟りとか呪いじゃないかって恐れているんだ』

だから、お祓いや祈祷《きとう》をしてくれる霊能者を紹介してくれと東は言う。

神社やお寺を頼ったが、会社の業績も、メンバーの健康も戻ってきていない。社内での異変も収まっていない。だから本当の霊能力者が必要なのだ、と彼は懇願した。

「いや、僕にそんな知り合いは居ないよ。詳しい人も知らない。大体、何故僕なんだ?」

東は一瞬口ごもり、何かを取り繕うような口調で答えた。

『法外な金を取る占い師に見てもらったら、〈あなたの知り合い、このナカガワ某に訊けば導いてくれる〉って言われたから』

占い師にスマートフォンの電話帳を見せて、そこから選んでもらったらしい。

自分は力になれないよと電話を切った。


東から連絡が来なくなって半年以上が過ぎた。

外出自粛のとき、東の知人と何かの用で電話したとき、彼のことが話題に出た。

『ああ、何？　東、中川さんのとこにもそんな電話してきた訳？　うちにも一寸前に掛かってきたよ。同じ内容で』

東は件の占い師から未だ離れず、何かと頼っているらしい。

『東、電話の口調がおかしくなっていたから、本当にヤバそうだよ。あ。もちろん霊能者なんて知る訳がないから、協力できないって言って切ったけど』

現在、東の会社は、昨今の疫病の影響もあり、業績不振で風前の灯火である。

徘徊する哄笑

戸村弘幸さんの職場は、四谷の裏通り、住宅地とオフィス街の境目にあった。

昭和の頃に建った雑居ビルで、煉瓦《れんが》造りに蔦が這う洒落た景観だった。

ちょっと足を伸ばせば道の果てに迎賓館が眺められ、周囲には美味い酒屋やレストランが建ち並ぶ。付近に高層ビルがないため、建物で空が覆われたかのような圧迫感もない。

「その立地が気に入って選んだ職……とまで言ったら、やや大袈裟ですが、決め手の一つではありましたね。営業でしたから、取引先を回る間にちょっと休憩したり仕事相手と軽く何かつまんだりするのが非常に楽でして。ええ、当時はね、社会全体がだいぶのんきなもんでしたよ」

しかし、そんな牧歌的な会社員生活も、バブル崩壊とリーマンショックという二つの荒波に襲われ、次第に変調していった。

「会社の所有者が変わりましてね。それまでは鷹揚《おうよう》なお坊ちゃん育ちのオーナーだったのに、金融畑からきた猛烈な体育会系の人になった。何をするにも『効率と結果』と耳にタコができるほど聞かされました」

変わっていったのは、彼の会社だけではない。

ビル内にあったオフィスの多くが潰れ、次の会社が入居してはまた消えて、立ち去っていく。

その跡地に入ってきた中に、塾がいくつかあった
名門の大学や小中学校が数多くある土地柄のせいだろう。育ちのよさそうな子供達と、エレベーターに乗り合わせることがままあった。

「僕が退勤するのってかなり遅い時間なことが多いんですけど、でっかい鞄を抱えた子供がどやどやビルに入ってきてね。こんな夜に大変だなあと不憫《ふびん》に思ったもんです」

この頃の戸村さん自身の待遇も、かなり不遇なものだった。

業績が悪いと、全社員のボーナスがまず減額された。

次に、一般事務社員の首が切られて派遣社員が登用されるように。

最後には非管理職の残業代までもがほぼ削られることになり、タイムカードを押した後に働く時間がじわじわと増えていく。

それで弾き出される数字は、確かに以前よりもいくらかマシになっていたが、あくまで

表面的なもの。

社内のムードは悪くなっていく一方で、疲労で倒れる者が後を絶たない。有能な社員ほど、不満を撒き散らすだけ撒き散らして辞めていってしまい、結果、業績はますます悪化していった。

「僕は完全に逃げ遅れた口ですね。まだ若造だったせいもあり、右往左往しているうちにどんどん事態が悪くなってしまいました」

受け持ちの取引先を維持しただけでは評価されない。今まではタブーだった飛び込み営業をやらされたり、サービス残業どころかサービス早出や休日出勤まで強いられて、社員のモチベーションは下がるばかり。

そんな頃だった。

夕方、戸村さんが営業先から戻ってきたとき、ビルの前にパトカーが停まっていた。サイレンこそ鳴らされてはいないが、白黒の車体の上でランプが慌ただしく明滅し、辺りを赤く染めていた。ビルの入り口は特に封鎖されていなかったが、エレベーターに乗ろうとしたら、制服姿の警官に「階段を使って下さい」と阻まれてしまった。

戸村さんは疲れた両足に鞭打って六階まで階段で上り、

「どうしたんですか？　表、凄いことになってますけど」

出迎えてくれた先輩社員に訊ねた。

「ワンフロア下に入った塾でなんかあったらしい」

「何かって？」

「首吊りだと」

どうも、まだ中学生か小学生らしい、と先輩は声を潜めた。

それが事実なら、いたわしいことだ。同じエレベーターに乗り合わせる子供達の様子を思い浮かべながら、戸村さんは思った。

「近くのコンビニや鯛焼き屋でおやつを買って、はしゃいだり笑ったりしてるのをよく見かけてましたから、あの子達のうちの誰かが自殺したのかと思うといたたまれない気分になりました」

同時に、薄気味悪く感じた。

どうやったのか、どんな風だったのかまでは知らないし、知りたくない。

だが、自分が今立っている床の下で、誰かが自らの首に紐を掛け、命を落としたのだ。だらんと四肢を垂れ下げ、天井から揺れている姿まで想像できてしまいそうで、戸村さんは頭を振った。

しかし、そんな感傷的な思いは数日もしないうちに霧散した。

戸村さん本人の生活は逼迫《ひっぱく》していく一方だったからだ。

オーナーからの圧迫に耐えかねた上司は、些細なことで声を荒らげるようになった。無茶な営業のために、取引先からはかえって距離を置かれる。目を覆わんばかりの悪循環に、若い戸村さんの身体もメンタルも軋《きし》み始めていた。

一方、事件の起きた塾はしばらく誰かがいたようだが、すぐ、看板が撤去され無人になった。おそらくよくない評判が立っているのだろう、その後に五階に入ってくる会社などない。

『時々、五階にエレベーターが停まる』

『操作パネルの五階が点灯する』

『でも、ドアが開いても誰もいない』

戸村さんの社内でもそんな噂が広まったが、すぐに消え失せた。誰も彼も、目の前の過酷な現実と向き合うのに必死だったから。

そうして、あっという間に半年ほどが経った。

「この頃にはもう『明日こそ辞めよう。絶対に辞めるって言おう』『でも、今辞めたら先輩や同僚に迷惑が掛かる。せめて期末まで。今の仕事が一区切り付くまでは踏ん張ろう』と、そればっかり考えていました」

その晩も、戸村さんは何とか己を奮い立たせながら、独りパソコンに向かっていた。タイムカードはとっくの昔に押してあり、いくら働いたところで一銭の得にもならない。そのことをあまり考えないようにしながら、半ば機械のように手を動かし続けた。

「ただ、いっくら頭を騙しても腹だけはきっちり減りますからね。残業始めて三、四時間かそこらでグーグー鳴り出しました」

静まり返ったオフィスの中、一番大きいのは自分の腹の音だけ。そんな光景に彼が笑いたくなったときだった。

——ふふっ。

声がした。

——ふふふっ。

誰かが笑っている……ような、気がする。

「ああ、これは幻聴だなって、とっさに思いました。ちょっと前にメンタルを病んで退社していった同僚の中に、『やたらと聞き覚えのない声を耳にする』って言ってた人がいたから。いよいよ俺もきたのかって」

そう思ってしまえば、笑い声など可愛いものだ。

——ふふ、ふふふっ。

嬉しそうなその声につられ、つい戸村さんは、

「んふふ」

自分も声を出して笑ってしまった。

「うふふふふっ」

一度笑い出すと止まらない。

最初はほんの小さな音量だったのだが、

「ふひひ、ははははは」

次第にテンションが上がってきてしまい、声も大きくなっていく。

——ひひふふ、はははははは

誰かの声も徐々にボリュームが上がっていった。

それで、ようやく戸村さんは気がついた。

声は、自分の足下からしているのだ、と。

なのに。

「あは、あははは、ははははははは」

彼は笑いが止められなかった。

生理的な涙が出てくる。それが頬を伝って顎まで落ちる。

空きっ腹に自分の哄笑が酷く堪えた。

それでも、笑いを止められない。

――ぎゃははははははははははははは！

「誰か」の声は、ますます甲高くなった。

子供の……おそらくは男の子の声だ。少年が悪のりし、はしゃぎまわっているような声が響いてくる。

「うわはは、はははははははははははははっ！」

――ぎゃっぎゃっ、ぎゃーはははははははははっ！

人気のないオフィスの中、身体を折り曲げ腹を抱え、戸村さんは笑って笑って笑い続ける。奇妙な笑いの二重奏はしばらく続き、やがて。

ぴたり、と。

戸村さんと「誰か」は、まったく同じタイミングで笑うのを止めた。

辺りに静寂が戻る。

あれほど鳴っていた戸村さんの腹も、何故か静かになっていた。聞こえてくるのは、パソコンのファンが回る音だけだ。

「静かすぎると感じました」

淡々と戸村さんは回想する。

「いくら裏通りって言ったって四谷の町中ですよ？　会社もいっぱいあるし住宅やマンションだってあります。外にはたいてい通行人がいるし、同じビルの中のオフィスにだって、まだまだたくさん人がいる時間帯です」

なのに、何だろう、この静けさは。

あまりにも不自然に辺りは静まり返っている。

身に染みるような沈黙の中で、ふと戸村さんの脳裏にいくつかの単語が閃いた。

足下。

床下。

子供の声。

バラバラだった言葉が、頭の中でようやく繋がった。ほんの半年前ほど、この時間帯、この真下には子供達が山ほど詰め込まれていたのだ。

そして、その中の一人が亡くなった。

自ら天井から吊り下がって死を選び、そのせいで、今その場所はもぬけの空。完全に無人のはず……。

それに思い至った瞬間、戸村さんはもう声の出し方も分からなくなっていた。

急いで自分の鞄を引っ掴み、戸締まりもそこそこにエレベーターへ飛び乗る。

帰ろう。

帰らなければ。

その一語だけが脳裏を占めていた。

震える指先で、操作パネルを押す。鈍い音を立てて鉄の箱は降りていった。

だが。

がたん、と、すぐに止まった。

戸村さんは目だけでパネルを見る。光っているのは自分が押した一階のフロア表示だけなのに……。

ぽーん。

合図の音がして、エレベーターは五階で開いた。

扉の向こうには、小さな人影が立っている。

全身真っ黒で、表情もよく分からなかった。

その影はゆらりゆらりとこちらへ踏み出してくる。

――ひひっ。

影が笑った。

そいつが一歩を踏み出してくるたび、戸村さんも一歩と後ろへ下がったが、狭いエレベーターの中だ。あっという間に端へと追い詰められる。

——ひひひっ。

触れあうほどの近くまで、影はやってきた。

相変わらず、表情は分からない。

ただ、けたけたと楽しげな笑い声だけが響き渡ってくる。

小さな影の背後で、音もなくエレベーターの戸が閉まった。

閉じ込められた。

得体の知れない者と一緒に、この狭い箱の中に。

どっと、冷たい汗が背を伝った。戸村さんは声を飲み、目を固く閉じることしかできなかった。

がたぴしと軋みながら、箱は再び降下していく。

ぽーん、と、また合図の音が聞こえた。扉の開く気配に、力を振り絞って、瞼を開く。

広がっていたのは、いつもの見慣れたエントランス。

何処にも、誰も、いなかった。

「でも、ついてきちゃったんですよね」

力なく、彼は笑う。

「自分のアパートでもたまに床の下から声がするんです。男の子の笑い声が」

どれだけ引っ越そうとも。たとえ一階に住もうとも、足下から甲高い笑い声が響き渡る。

そう。

ついてきたんですよ、と。

戸村さんは繰り返した。

目

小糠さんは中小メーカーの営業である。

入社から六年ほど過ぎた彼は、中堅と呼ばれる立場だ。

同時に新入社員の指導・育成も兼任することとなった。

最初に受け持った相手は関という名だった。

院卒の技術職志望であったが、研修後、何故か営業部へ回されたようだ。

ある程度清潔感のある外見だが、何処か暗い感じを受ける。

話すときもこちらに目を合わさず、言葉もボソボソと歯切れが悪い。対人スキルが低い、コミュニケーション能力が著しく低いタイプであった。

（すぐ、辞めちまうかな）

厭な予感が頭を擡《もた》げる。しかし早期退職などされてしまったら、指導している自分の査定に響くことは想像に難くない。

ならば、褒めて伸ばす方式で試してみようと心に決めた。

多少の失敗なら許し、僅かにでも何かをやり遂げたなら大袈裟に賞賛する。

同僚からは「小糠、それ、相手から舐められるぞ」と助言があった。

だが関は増長することなく常に小糠さんの指示を仰ぐ。性格的なものだろうか。彼はとても真面目で素直な人間だと分かった。三ヶ月もすると関のことが可愛く思えてくる。関自身も自分に全幅の信頼を置いているようだった。


指導から半年が過ぎ、徐々に新人社員が独り立ちしていく時期になった。

関も営業担当エリアを割り振られ、一人で外周りに出るようになる。

これまでのように小糠さんが同行してフォローを入れることはできない。

そのせいとは言わないが、関は出先で相手から叱責を受けることも少なからずあったようだ。数字も思うように伸びず、同業他社に受注を奪われることも多くなった。

当然のように関は課長や部長から罵倒される回数が増える。

彼は必死に働いた。朝は誰よりも早く出社し、夜は誰よりも遅い。しかしタイムカードは労働時間内に収まるよう、朝九時から夜六時辺りで記録されていた。その理由について、上司達は口を揃えて言う。

「営業は、日中外に出てナンボ。どれだけたくさん客先を回ったかが重要」

「外周りの時間をうまく使えば、事務処理は労働時間内に終わらせられる。それができないのは仕事が下手である証拠だ。だから残業したと認めない」

「そもそも自主的な残業なのだから、その分の賃金は払わない」

「会社は労働に対する対価として賃金を払っている。数字が上がらないということは労働をしていないと同じだ。それなのに給料を貰うのは泥棒と同じだ」

小糠さんも言われてきたことで、特に疑問を持たずにやって来た。が、改めて考えると理不尽すぎる。

気がつくと、関から笑顔がすっかり消え去った。

相談に乗るぞと常々声を掛けていたが、最近は生返事しか戻ってこない。

「小糠、関の奴さ、営業ならゴルフやれ、って課長の中古クラブを買わされたらしいぞ」

分割で、かなり吹っ掛けられた値段のようだ、と同僚が耳打ちするように教えてくれる。

更に休日は部長らの打ちっ放しやその後の食事に付き合わされており、そのとき掛かるお金は自腹だとも聞いた。

「この御時世、接待ゴルフの回数なんて減っているのに。関も無駄なことしてるよ」

哀れんだような様子で同僚は笑う。

小糠さんは関を捕まえ、外へ連れ出した。

「何か困ったことがあるんじゃないか？　ここなら誰にも聞かれないから、正直に言えよ」

しかし関は口を噤《つぐ》んでいる。水を向けても反応が薄い。

「……あの、アポがあるので」

それだけ口にすると、彼は立ち去っていく。

張り詰めていた何かが切れる寸前のように思えて仕方がなかった。


関が入社して初めての冬。

休日なのに朝から雨がざんざん降りだった。日が暮れる少し前、小糠さんは外へ出る。

リモコンの電池を買うとか、ビールを買うとか、そんなつまらない用事だったと思う。

マンションのエントランスから出たとき、真っ赤な傘を差した人が居た。

脇を避けていこうとすると、激しい雨音の隙間から微かな声が聞こえる。

立ち止まり、傘の人物のほうを振り返った。

「――小糠先輩」

関だった。

ズボンの裾と言わず、色々な所が濡れている。どれ程前からここに居たのだろう。

「おい、何だ。どうした」

彼は黙っている。

何か言いたいことがあるのか。これまで頑なに相談すらしてくれなかった。それがこうしてやって来てくれたのだ。部屋へ上がらせ、タオルを貸した。

関はソファではなく床に座る。

熱いインスタント珈琲を出しながら、ソファへ腰掛け直させた。

「遠慮するな。俺しかいないから」

小糠さんは独身である。関はそのことを思い出したようだった。

会話は弾まない。ただ押し黙っている。指導初期の頃を思い出した。

会社を辞めたいのか？　とストレートに訊ねた。顔を上げた関は、首を左右に振る。

「そうじゃないです。そうじゃないです」

「そうか。なら何で此処へ来た？　何かあるんじゃないか？」

彼がまた黙る。目に涙が浮かんでいた。

何となく男女の愁嘆場、別れ話の最中のようだ。

急かしても仕方がない。長期戦を覚悟したとき、関がぽつりと漏らす。

「――部屋に、部長と、課長がいて」

帰れないのだ、と困った顔を浮かべた。

まさか。いや、何かの帰りにでも関の部屋に立ち寄って居座っているのか。

詳細を訊く。彼が語ったことを要約すると、こんな内容だった。

「アパートの部屋に居るとき、部長や課長が壁からズルリと這い出てきて、じっとこちらを見ている。声を発することはないが、時々、目を剥いてこちらを睨み付けてくる。怖くて仕方がないから逃げようとすると消える。また気がつくと居る」

彼の言葉に小糠さんは目の前が暗くなりそうな気分に陥った。

(コイツは、ありもしないものを見てしまうようになったのか)

ここ最近の関は様々な形で追い込まれ続けている。心に負荷を掛けられすぎたのだ。

会社を休ませた後、部署替えをしてもらうか、一時期休職扱いにしてもらうか。対応策を考えている最中、関が床に頭を擦りつけた。

「小糠先輩。僕の部屋へ来て下さい。部長と課長をやっつけて下さい」

やっつけて下さい――まるで子供のような頼み方だった。

とはいえ、相手は関の心が見せた幻だ。部屋に行ったとて解決できる訳がない。難色を示したが、彼は何度も何度も繰り返す。

「やっつけてー、やっつけてー、やっつけてー、やっつけてー」

次第に声が大きくなってきた。そして床へ額を叩き付け始める。

上下左右の部屋の迷惑になるので、渋々了承してしまった。

「じゃあ、すぐ、僕の部屋へ行きましょう」

関が立ち上がった。とても明るいすっきりした顔をしていた。


外に出るとすっかり日が暮れている。

関のアパートは小糠さんの最寄り駅から三駅で、商店街を抜けた少し奥まった位置にあった。三階建てでそこまで古くもなく、また新しくもないが、若い人向けの物件であることは何となく理解できる。

二階の角部屋に案内された。

ドアを開いた瞬間、鼻が曲がりそうな異臭が漏れ出してくる。

夏場放置された生ゴミに糞尿の臭いを足したような感じか。だが、今は真冬だ。だとすれば部屋の中は所謂〈汚部屋〉と化しているのかもしれない。

電灯が灯される。

(……あれ?)

予想を覆された。入り口から見える範囲内は綺麗に片付いている。

短い廊下の向こうにドアがあった。

上がってくれと促され、靴を脱ぐが悪臭は弱まらない。それどころか鼻が痛くなってくるほど臭気が強まってきていた。

右手側にあるトイレと風呂のドアの前を通り、突き当たりのドアが開かれる。

そこはキッチンが設《しつら》えられたフローリングであり、若干狭い。

テレビや小さな座椅子、ゴルフバッグ、他にはノートパソコンなど細々《こまごま》したものがあるが、整理整頓されている。

臭いの中に、もう一つの香りが混ざってきた。

何と例えれば良いか。腋臭《わきが》に近いように感じられる。どちらにせよ鼻が曲がりそうだ。

「こっちです。出るの」

リビング右側に引き戸があった。関は取っ手に手を掛けた。

「いいですか。開けますよ」

怯えた表情で戸を開けた。

暗い畳の部屋がある。布団が敷きっ放しだ。

入り口に少し近づく。あの臭いが酷さを増した。

何となく怖々と一歩足を踏み入れた。何も居ない。臭いだけだ。

「スイッチ、何処だ?」

「右横です」

照明を点ける。

真っ正面のアイボリーの壁に、大きな赤茶色い二重の円があるのが目に入った。大きさは喫茶店などでよく見る、銀色の丸形トレーくらいか。太い刷毛でグルリと荒々しく描いたように見える。

が、すぐおかしいと気付いた。

(……暗かったと言っても、これくらい見えるはずだ)

広さはせいぜい六畳。引き戸から壁までそこまで距離はない。リビングから差し込む光だけで十分分かる。しかしさっきはまったく目に入っていなかった
我ながらおかしいが、たった今、突然壁に浮き上がったとしか思えない。

手品か。何か仕掛けがあるのか。それとも本当に見逃していたのか。

呆然と立ち尽くしていると、背中に強い衝撃を受けた。

もんどり打って床に倒れる。

尻餅をついたまま体勢を立て直す。振り返ると、関がこちらを見下ろしていた。

蔑んだような目だった。

突き飛ばしたのか。何をするのだと詰問したが、無関係なことを口走る。

「部長が居ます」

指さす先は、壁の丸だ。これの何処が部長なのだ。

「あれは課長です」

指が下がった。

布団の枕の近く、壁際の床に一枚の写真が立て掛けてある。

L版程度の大きさのそれは、中央に何かが一つだけ写されていた。

目玉だった。

大きく見開かれたそれは人間のものだった、と思う。

「ほら、部長と課長が居るでしょ？　睨んでいるでしょ？」

居ない、と答えた。関はさめざめと泣き出した。

そして、飛びつくように抱きついてくる。

怖いんです、怖いんです、怖いんです、怖いんですと繰り返し、泣き叫んだ。

彼の手が上着を引っ張る。無理矢理脱がされそうだ。時々顔の色々な所に生暖かく湿った何かが押しつけられる。

小糠さんは怒声を上げながら関を突き飛ばし、そのまま部屋を出る。

後ろから何か声が聞こえたが、一度も振り返ることなく駅へ向かった。

電車に乗って気付いたが、何処からか乾いた唾のような臭いがする。

家に戻ったら顔を洗わなくてはと思いながら、ふと思い出す。

(関って、俺のマンション、知らないよな)

自分でも間が抜けた話だと思うが、そのときまで一切そんなことを考えていなかった。

では、関はどうやって自宅まで来たのか。

退社するとき後を付けられたのか。それとも社員データからか。

どちらにせよ、もう相手を可愛がる気持ちは一切失せていた。


休み明けから関は小糠さんに一切近づかなくなった。

流石に拙《まず》いことをしでかしたと自覚したのだろう。

小糠さん自身も彼がどうなろうと一切関知しない姿勢を貫いた。

あのおかしな行動のこともあったが、突然現れたとしか思えない二重丸と、あの目玉の写真のことが忘れられなかったからでもあったのだが。

もちろんあの日のことは誰にも教えなかった。話したほうがおかしいやつと思われることは想像に難くないからだ。

ある日、何も知らない同僚が「関が〈僕は辞めません。死ぬまで、この会社で働きます〉って啖呵《たんか》切ったらしいぞ。同期相手だったが」と教えてくれた。

それならそれでいいんじゃないか、とだけ答えておいた。


それから一年を待たずに、関は死んだ。

部長と課長を乗せた車を運転しているとき道路を外れ、コンクリートの法面《のりめん》に衝突したためだ。ゴルフの帰りで、飲酒運転の可能性があると聞いた。

関は所謂〈全身を強く打って死亡〉であったが、部長と課長は生き残った。

それぞれ手足に後遺症が残り、片目を失ってしまったが。どちらも右目だった。

部長も課長も早期退職者となり、会社を去った。


結果、関は自らが宣言した通り、死ぬまでこの会社で働いたことになる。

小糠さんが最後に彼を見たのは、死の前日である金曜日の夜だった。

彼はじっとこちらを見詰めていたので、思わず顔を伏せた。

今思うと、その目は死んだ魚を思い起こさせたように思う。

否。生気を一切感じさせない目だった——。

もっとも、こわいのは

1

「就職活動でそのビルを見たときから、なんだか嫌な感じはしていたんですよ」

小松孝史さんはコーポレートギフト制作会社の一〇年選手、やり手の営業マンだ。

彼のオフィスは今でこそ梅田スカイビルを間近に臨む好立地にあるが、彼が入社した当時は、古いビルの四階にあったという。

大阪城にほど近く、高度成長期に乱立された建物群の一つ。石造りのエントランスは重厚と言えば聞こえはいいが、とにもかくにも煤《すす》けて古く、どんよりと空気が淀んでいる印象だった。

がたぴしと不安を煽る音を立ててエレベーターは上下し、階段の手摺りにはいくら掃除しても消えない染みがこびりついている。オフィスはきちんと手入れされてはいたが、ドアの軋みや窓の揺れが常に酷い。

小松さんの会社は、その時点で創立まだ一〇周年。そのうちの四年とちょっと、このビルに入居していた。

これだけ古めかしいビルの中の「四年」は、かなり新参入居者の部類だろう。そう彼は思っていたそうだ。

だが、実はここではかなり古株なのだと、先輩社員達は揃って言う。

「ここねえ、なかなか会社が居着かへんのよ」

「いろんなオフィスがひっきりなしに出たり入ったりしとんねん」

というのも、このビル、界隈では「出る」とかなり有名だったらしい。

あるとき、夜中に警報が鳴った。

しかし、現場に警備員が駆けつけてもビル内はもぬけの殻。手の込んだ悪戯だろうかと引き上げようとすると、その行く手に誰かが立っている。警備員が声を掛けると、相手は煙のようにかき消えてしまう。

またあるときは、防犯カメラに人影が映る。すわ、侵入者かとビル内に急行するも、やはりまた誰もいない。戻って再びカメラを確認すると、そこにはまた怪しい人影が徘徊している様子が映し出されている……こんな出来事が、年に何度も何度もあるのだそうだ。

「プロの警備会社の人らが嫌気さすなんて、ホンマよっぽどやで」

「せやから、小松君も夜中にここで揉め事起こさへんようにね」

「そないなっても、誰も助けにきてくれへんから」

と、先輩達は口々に戒めてくる。

その目がちょっと笑ってるような気がして、小松さんはみんなが自分をからかっているのだと思い込んだ。

だが。

「なんかね、僕も視線をちょくちょく感じたんですよね……ビルのあちこちで」

明かり取りの頼りない窓しかない踊り場に、ふわりと何かの気配がある。雨の日にエントランスに一人でいると、背後に誰かが佇んでいる。

振り返って目を凝らし確かめても、誰もいない。何もない。

しかし、入社して一年足らずで、小松さんはそんな怪奇な出来事についてはまるで考えなくなっていった。

あるのかないのか分からない現象よりも、更に怖いもの。

それは、退勤直前に掛かってくるクライアントからの電話だった。

2

相手は中堅スーパーの広報部の係長で、どこぞの美術系学校を出たという。小松さんの会社の就業時間は九時から一八時までと知っているくせに、決まって一七時半過ぎに電話を寄越し、

「この間貰ったデザイン案ね、全部あかん。はよ直してくれへん？」

と、ダメ出しをしてくる。

メールならば『未着です』、携帯なら『電源が切れていました』とか、まだどうにか言い抜けられるというのに、そいつは必ず有線の電話に掛けてくるのだ。

しかも、

「何処がお気に召しませんでしたか？」

「では、こういったデザインならどうですか？」

「色はA案とB案なら、どっちのほうがイメージに近いでしょう？」

小松さんは必死に食いつき、どうにかしてデザインの方向性を見定めようとしているのに、相手はのらくらと「どっか違うんやわ」「ちょっとイメージとちゃうねん」などと曖昧に繰り返すばかり。

挙げ句、

「それじゃ、明日までに頼むで！」

などと一方的に言って電話を切る始末。

この時間にリテイクを入れられて、明日に持ってこいというのは、つまり、小松さんに「家に帰るな」「寝るな」と言っているのに等しい。

しかし、そんな簡単なことがこのクライアントには分からないらしい。

「いや、分かっててやってたのかもしれませんね。僕はまだ若くて、社会人としてどうやって仲間や顧客と距離を取ったらいいのかもよく知りませんでした。お前の作ったものが悪いんだと言われれば、ただ無闇に『そうか、ならもっと頑張らないと』と思い込むばかりで、周囲に相談することすら思い浮かびませんでした」

しかも、この不況時だ。

性格ややり方に問題のある相手でも、金払いがいい顧客をそうそう簡単に無碍にはできない。

「なんせ、スーパーですからね。この電子の時代にもまだチラシが幅を利かせているし、中元や歳暮といたギフト絡みの仕事も四季折々に細々と振ってくる。新人の僕が一人でどうこうできる相手じゃなかったんです」

その日も、また一七時半過ぎに電話が掛かってきた。

『この間見せてもらったバレンタインのデザインね、あかん。あれはあかん。もっとパアっとしたやつにしてくれへん？』

「パアっと、ですか……」

『せや。こう女の子がドキーンてなるような奴をやね』

相変わらずの具体性を欠く指示がずらずらと続き、最後はお定まりの「明日までに」という御命令。企画の根本デザインをごっそり直さなくてはならない仰せに、小松さんは頭を抱えた。

これは、絶対に自分一人では終わらない。

助けてほしくとも、運悪く直属の上司である主任は出張中。

仕方がなく、彼は更に上席の課長に相談することにした。

彼女は、事務所初の女性課長だった。いつも洒落たスーツを身に纏い、メイクも口調ものんびりと柔らかな雰囲気で部下達に慕われていたが、小松さんはあまり話をしたことがなかった。

「主任のほうが課長より年上なんですよ。だから、ちょっと絡みづらさを感じてしまってて。直属の上司の頭を飛ばして、更に上と込み入った話をしていいのかどうか悩んでました」

小松さんの説明を一通り聞いた彼女は、とても驚いていた。

「まあ、あそこのクライアントさん、いつの間にそんなことになっとったの。小松さん、大変やったね。ちっとも気がつかんで悪かったね」

彼女はそう詫びながらあれこれ手配をし、その上、一緒に残業までしてくれると言う。日頃、小松さんの右往左往など一顧だにしてくれない先輩達も、「課長が残るならば」と進んで仕事を引き受けてくれた。

3

辺りがとっぷり暮れた頃、もう他のフロアでは人の気配がしない。

何処の会社も例の噂を知っていて、さっさと引き上げてしまっている。終電間近ともなれば、灯りが点いているのは隣のビルも含め、小松さんの社の窓だけだった。

日付が変わる頃だったろうか。

ふと、周囲の空気が変わった。

空調が効いているはずなのに、生ぬるい風が吹いてくる。もう誰もいないはずの、フロアのエレベーターホールのほうからだ。

しかも、何か臭う。

腐臭だ。

生臭い、ぬめった溝のような悪臭だった。

その場にいた全員が異変を感じ取っていたと思う。忙しく作業していた手が、皆すっかり止まってしまっていた。

やばい。

何か、来る。

小松さんは震え上がり、呼吸すらもままならなくなった。

隣の席の先輩デザイナーが、

「ひうっ」

と小さく悲鳴を上げた、その瞬間。

ばちん！

派手な音とともに、全ての灯りが落ちた。

突如、視界は暗闇に閉ざされ、ひっきりなしに稼働していたパソコンも、ごうごうと喧《やかま》しかった空調も沈黙している。

纏わるような空気と沈黙の中、背後に「誰か」が現れた。

姿は見えない。

形もない。

だが、間違いなく誰かがそこにいる。じわり、と、重い気配だけが一同の背後に佇んでいた。

そして。

『……何か』

声が響いた。

低く嗄《しゃが》れた男の声。

『お手伝いしましょうか……？』

陰鬱《いんうつ》な響きのそれに、答える者は誰もいない……と、小松さんは思ったのだが。

「おう、手伝えや」

たった一人だけ、声を上げた者がいた。

朗らかなソプラノが窓際の課長席から轟《とどろ》く。

「お前が今パソコン落としたせいで、こっちの仕事が水の泡やないか！　どないしてくれんねん！」

まさか、あの課長が？

小松さんの身体から一気に緊張が抜ける。何とか動かせるようになった首を巡らせれば、

「なあ、どうしたん？　はよ手伝え、手伝えや！」

彼女は椅子を蹴倒して立ち上がり、闇の中へと怒鳴り続けていた。あまりのことに小松さんは腰を浮かせ、他の者は凍り付いたままだ。

背後の気配は答えない。

代わりに、ぶん、と音を立ててパソコンが再起動し、灯りがぱぱぱと立て続けに点いていく。

すっかり明るさを取り戻したフロアは、いつもとまったく変わらない。

「誰か」の気配も既に途絶えていた。

ただ、課長だけが、

「おいこら、逃げるな！　手伝う言うたのはそっちやないか！　手伝えったら手伝え！」

と、虚空へ向かって怒号を上げていたが、それもわずか数分。

「さっ、仕事に戻ろっか。バックアップ、生きとる？」

彼女はいつも通りの笑顔に戻り、屈託なく部下達を見回した。

4

それから、平成の半ばに廃ビルになるまで、このビルは界隈では有名な心霊スポットのままだった。やれ出入り禁止の屋上に人影が並んでいるだの、無人のエレベーターが音もなく上下しているだの、怪しい噂が常に絶えなかった。

だが、小松さんの会社の入ったフロアだけは、あれ以降、二度と怪奇現象は起こらなかったそうだ。

件の課長はいつからか「怒りで除霊した女」と呼ばれ、他の都市の支店長として栄転していき、今でもその辣腕《らつわん》を振るっている。

一方、問題クライアントの係長は、その除霊事件直後にパワハラ問題を起こして左遷。どこぞで細々と店を営んでいると聞く。

小松さん自身は営業部のチーフに出世して、社内の働き方改革を推し進め、忙しく日々を過ごしている。

「今は、全てメールやクラウドで発注を受けていますし、無茶ぶりするクライアントとはちゃんと距離を置けるよう僕が率先して取り計らってます」

最近、彼はふと思い出して、例のビルの跡地へ足を向けてみたそうだ。

取り壊しのあとに更地になったと噂で聞いていたが、今では何の変哲もないコインパーキングに変わっていた。明るい黄色の看板がいくつも建ち並び、輝くライトの中、お洒落な車が停まっていた。

数多《あまた》の警備員達を怯えさせ、たくさんの会社を退去させたにも拘わらず、課長に怒鳴られて現れなくなってしまったあの霊が、こんなところに居着いていられるとは到底思えない。

「ちゃんと成仏できてるといいんですけどねえ」

と、小松さんはちょっと切なそうに笑った。

落ちた

沼口さんはパワハラを受けていた。

上司からの根拠のない罵詈雑言《ばりぞうごん》に加え朝令暮改は当たり前。

遂にはプロジェクト失敗の全責任を押しつけられた。

以降は一部を除く同期や後輩からも蔑まれ、毎日が針のむしろだったと言う。

それでも彼は「自分が悪いのだ」と自らを責め苛《さいな》んだ。

ところが、ある日のことだった。ふと自分が置かれた状況がおかしいのだと気付いた。

きっかけは覚えていないが、これまでのことを突然客観視できたのである。

その後の行動は早かった。退職の準備を整え、引き継ぎを終える。

辞めることが決定した後もパワハラは止まなかったが、そのたびに正論で返した。

言い返されたほうは黙るか、感情的に怒鳴るか、居丈高に脅してくるかしてきたが、そのどれも滑稽なものにしか見えなかった。

会社を辞めた沼口さんは、少しの間休むことにした。

退職金もあれば、失業保険も入る。これまでの給料はプライベートで使う時間がなかったから、ある程度纏まった額が通帳に残っていた。

ぼんやりのんびり過ごしながら、次はどんな仕事をしたいか考える。

(接客業、とかどうだろう？　店で物を売るとか)

元来、人が好きな彼だったが、前職の影響で人間そのものが嫌いになり始めていた。

しかしいつまでもそのような状態は良くないはずだ。自ら率先して人に関わっていくべきではないか？　そう思った。荒療治だが、自分に対するリハビリという意味もある。

善は急げと調べ始めると、自宅から電車で二駅ほどの位置に条件の良さそうな販売業の求人があった。

パソコンの地図アプリから外観などを見る限り、小規模な店舗だ。個人経営らしい。

若者向けの雑貨と服を扱っており、ぱっと見の雰囲気も良い。

即アポを取り、三日後の面接となった。

当日、久しぶりのスーツで店を訪ねる。

店のスタッフは見る限り全部で五人ほどか。店の規模的には少々多いような気がする。

店長が待っているということで、店のバックヤードに案内された。

一番奥にあるドアへ通される。

全体が北欧テイストで纏められた事務所があった。

一番奥に一人の若い男性が座って待っていた。

年齢は三十代前半程度で、自分より少し上だろうか。眼鏡と顎髭《あごひげ》にハットを被り、薄手のカーディガンを羽織った、如何にも雑貨店店主という外見だ。

立ち上がると、さほど背は高くないことが分かる。

「沼口さん、お待ちしていました」

妙に甲高い声がやけに耳障りに響く。

パソコンなどが載ったデスクの横へ促された。揃いのソファとローテーブルが設えてある。履歴書を渡し、面接が始まった。

好印象を与えるよう明るく受け答えしてみるのだが、どうも落ち着かない。

ソファの座面から腰、背中に掛けて、むずむずした感触が続く。特に左側だ。

途中、スタッフから呼ばれた店長が席を外した。

出された珈琲でも飲もうかと紙コップを口元へ持って行くと、厭な臭いが昇ってくる。

長い時間加熱し続け酸化したものではない。腐った野菜や果物が発するものか。とはいえ純然たる発酵臭とも違い、鼻と喉の奥に絡み付いてくるような悪臭だ。

流石に飲めないので、カップをテーブルに戻した。

（……ん？）

左から何か視線を感じる。いや、誰かが居るような気配か。

思わずそちらへ目を向ける。

北欧的な部屋の中に異質な物を見つけた。

一番奥の席――店長が座っていた場所の上に、神棚らしきものがあるのだ。さっきは気付いていなかった。緊張していたせいだろうか。

ただし、神棚らしきと言っても日本的な物ではない。

黒檀《こくたん》かそれに類する木材で組まれたそれは、彫刻が施されている。全体的に黒く、南方の雰囲気があった。例えるなら、バリやインドネシアの物のような、か。

中央部に木彫りの神像らしき木像が三体飾ってあった。

サイズは缶珈琲のショート缶程度。大きな顔に小さな身体か台座が付いている。

その全体は煤けたように黒かった。中央の像は特に色が濃く、漆黒に近い。ただ、どれも見る限り顔の作りに凹凸が少なく、扁平《へんぺい》だった。とはいえ、イメージ的にはイースター島のモアイと言えば伝わりやすいだろう。

(一体何だろう、この神棚)

独特の神様を祀っているのか。疑問に思っている最中、三体の木像のうち真ん中のものが何の前触れもなく棚から落ちた。

ゴドンと低い音を立て床に当たる。大きさの割に重い響きだ。

何故落ちた。建物は揺れていないし、原因らしきものも見当たらない。

拾うべきか。それともそのままにしておくべきか。

悩んでいると、店長が戻ってきた。

そしてチラッと神棚を見上げて、ああー、と声を上げた。

「沼口さん、ごめんなさい。採用できない。不採用です」

突然の言葉に、思わず理由を訊いてしまう。

「だって、ほら、落ちてるでしょ? あの――」

神棚のほうを右手で指し示した、が、何故か指を全て折り畳んだ握り拳だった。

「全部落ちないのがいいの。うちで働いているスタッフは全員落ちなかった子。でも、左か右なら、まだ何とかなったんだけどなぁ」

真顔で言いながら、店長は神棚の下へ行く。

机の中から白い布――シルクのハンカチに見えた――を取り出すと、しゃがみ込んだ。

そして木像をその布で包んで拾い上げ、神棚へ戻す。

「本当にごめんなさいね。沼口さん」

さも済まなそうに頭を下げられ、そこで終わった。


訳の分からない面接から二年が過ぎた。今、沼口さんはスーパー業界へ身を置いている。

現在あの木像があった店はどうなったのか。電話で訊いてみた。

『潰れたか移転したかで、もうなくなっています。先月くらいだったかな。検索しても新規情報が出てきませんから、完全に閉店か、名前を変えたのかも知れません。面接で落ちた経緯が経緯なので、気になって偶に調べていたんですよ』

ここ数ヶ月の騒動で売り上げが減少したせいだろうか。

『そこは分かりませんね。今はなくなった、としか』

これ以上のことは不明なのだなと思っていると、彼が追加情報をくれた。

『あの店長、神棚を拳で指したとき、何か名前みたいなの言っていたんですよね』

それは一体どのようなものなのか。

『スミマセン。覚えていません。それにあんな空気じゃ流石に細かく訊けませんし。僕もああ、もういいやって、なってましたから。でも明らかにカタカナ的でしたよ。少なくとも日本の神様とか仏様の響きじゃありませんでした』

ガリガリ

原さんが勤めた会社に、宇都宮という男性社員が居た。

年齢は彼より三つ上の二十八歳。

身長が高く痩せ形で、浅黒く、顔は十人並み。ただ髪型や衣服には相当気を遣っている。

同じ営業部一課の所属であったから外見に気を遣うのは当たり前だが、少し拘りが強すぎるようにも感じられた。言い換えれば、ナルシシズムの気が強い。

この宇都宮、とかく要領の良い男だった。

俗に言う、上に媚《こ》びへつらい、下を軽んじるようなタイプ、太鼓持ちである。

上司や顧客に気に入られようと躍起になっている姿は、見ているこっちが恥ずかしくなるほどだ。また、接待と称した飲み会やゴルフを頻繁に行っている。もちろん、相手に金は出させない。この御時世に、接待費を潤沢に使う。よく稟議《りんぎ》が通るものだと皆不思議がった。

ただ、この接待攻勢のお陰で様々な便宜を図ってもらえるのか、営業成績は悪くない。

このように数字を持っているから、宇都宮は自分より下だと思う者には強く出る。

残業や休日出勤の押しつけはもちろん、パワハラは日常茶飯事。女子社員へのセクハラは常態化しており、目も当てられない。

これらの行動原理は悪い意味で営業的・営業向けと言えるだろう。

もちろん逆らう者は居たのだが、彼のバックに付いている課長などから横槍が入る。中には不当に査定を下げられたり、僻地《へきち》へ飛ばされたりする人間も出ていた。

しかし、お気に入りかつ、数字を持っている社員とはいえ、たかが一営業に対し会社の重役連中がここまで厚遇するものだろうか。

「宇都宮は上の連中に対し、ハニートラップなどを仕掛けており、弱みを握っている。だから彼は優遇されるのだ」と噂が囁《ささや》かれた。

本当はどうか分からない。どちらにせよ、何かとやりにくいことの多い会社だった。


この宇都宮が急激に痩せ細り始めた。

元が痩身なのだから、あっという間に骨と皮だけのガリガリになっていく。

心ここにあらずと言った雰囲気のまま、定時が過ぎるとフラフラ帰宅した。

もちろん奴が残した事務処理などは他へ行くのだから、余計に仕事が増えた。

やらなくて良い仕事で残業時間が規定を越えた頃か。

金曜日の夕方、宇都宮が原さんに声を掛けてきた。

「おい、原。今晩ウチに来い」

「申し訳ないですが、残業確定で何時になるか……」

残業内容にはもちろん宇都宮が放置している仕事が含まれている。

「いや、いいから、来い。佐藤も来させるから」

佐藤は原さんより一つ歳下の後輩で、常に宇都宮から虐められていた男性社員だ。

言葉だけではなく、暴力を振るわれることもあった。

ただし、痣《あざ》が残ったり、怪我をしたりするようなものではない。絶妙な痛さが残る程度で殴ったり蹴ったりしてくる。おまけに会社の倉庫や裏口辺りへ呼び出し、人目に付かない場所のみで行う。どれも暴行を受けたと訴えても証拠にならないようにしていたと言っても過言ではない。宇都宮の小賢しさが垣間見える行動だ。

気が弱い佐藤は反撃することなく、ただただ殴られ蹴られ続けた。原さん達が庇ったり、呼び出しに応じるなと助言をしたりしても、宇都宮の言うことを聞き続けるのだ。

会社の飲み会で酔った宇都宮がぽろりと漏らした言葉を、たくさんの人間が聞いている。

「佐藤は俺のサンドバッグ。あと便利な奴隷。パシリ」

いい大人が発する内容ではない。

実は原さんも入社した直後に宇都宮から呼び出され、殴られたことがある。あまりに理不尽だったので軽く逆らったところ、二度と暴力を振るわれることはなくなった。以降、査定が不自然に低くなったのは否めない。どうも宇都宮を気に入っている上司の差し金のようだった。

これ以後、宇都宮と原さんは犬猿の仲になった。

(それなのにコンタクトを取ってくるのは何故だ)

遠くにあるデスクの島に座っている佐藤を盗み見ると、眉を顰めてこちらを見詰めている。

(断れなかったのか)

宇都宮の家へ一人で行かせるのも不憫なので、渋々了承した。

「なら、先に帰って待っているから」

宇都宮は帰り支度をすると、そのまま社の外へ出て行った。

佐藤の所へ行くと、すぐに頭を下げてくる。卑屈な態度を注意しながら、宇都宮が家に自分達を呼んだ理由を知らないか訊ねてみた。

「分かりません。ただ、来い、って」

考えても仕方がないと、諦めた。

残業を終え、佐藤を伴い原さんが会社を出たのは午後九時過ぎ。

途中、佐藤がコンビニへ寄ると言う。宇都宮からウイスキーか強い酒を買ってこいと命じられていた。払いは佐藤のポケットマネーだ。

ちゃんと相手へ請求するように話すが、生返事しか返ってこない。

逆らうつもりは皆無のようだった。

宇都宮の自宅は割と高そうなマンションだ。

自身が購入した訳ではない。金持ちの親か親戚から貰った部屋で、独身の独り暮らしと聞いたことがある。

オートロックなのでエントランスで呼び出す。宇都宮が応答したが後ろが何か喧しい。

エレベーターで最上階へ上るが、途中から音楽が漏れ聞こえてきた。

クラブなどで掛かるような類のもので、低音が強めのものだ。

部屋の前に近づくにつれ、音楽がはっきり聞こえるようになる。

備え付けのチャイムを鳴らすと、ドアが開いた。

マンション住まいが出してはいけない音量のダンスミュージックが漏れ出してくる。

入れと命令口調の宇都宮は既に酒臭い。その割に顔色が異様に悪いような気がする。

中に入ると、アルコールと煙草の臭いが強く漂っていた。

リビングに通される。ローテーブルの灰皿は山盛りで、フローリングの床には酒の空き瓶が多数立てられていた。あまり綺麗に掃除されているとは言えない。

ベランダがある方向には高価そうな遮光カーテンが垂れ下がっている。サイズからして多分、オーダー品ではないだろうか。

何故か女性ものの下着が数枚、床やテーブルの下に落ちている。

首を捻っていると、宇都宮が佐藤から酒を奪い取り、瓶のまま煽った。

宇都宮が何か言うが、音楽が煩《うるさ》すぎて聞こえづらい。原さんは金を掛けていそうなオーディオを見つけ、ボリュームを下げた。

宇都宮が再度ノブを回そうとするので止める。

「来ましたけれど、何かありますか？」

原さんの問いを彼はのらりくらりと受け流す。

「とりあえず、お前らも座れ」

仕方なくソファに腰掛けた。ところが突如宇都宮が叫び、佐藤の頭を叩いた。

「お前は、座んなッ！」

あまりの態度に原さんは二人で部屋を出ようとしたが引き留められた。

「帰るな。帰らないでくれ」

宇都宮が必死になってしがみついてくる。あまりに鬱陶しいので蹴り上げてやろうかと思ったが、グッと辛抱した。

「何ですか？　帰ったらいけない理由を教えて下さい」

二人が座ってくれたら言う、と約束したのでソファに戻る。佐藤が床に腰を下ろそうとしたので、止めてソファへ掛けさせた。

宇都宮を見ると、何か恥ずかしそうにモジモジしている。気持ち悪い。

先を促せば、ポツリポツリと話し出した。


宇都宮の部屋に「出る」のだと言う。

それは取引先の人間で、懇意にしていた相手だ。

地元の有力企業の御曹司で、宇都宮と同じ大学出身の同期生である。

名を榎本と言う。

同じサークルに在籍し、二人で様々なイベントを打っては成功させた。

卒業後、その榎本は実家の会社へ入り、一年後に購買課の役職付きになった。

それを知った宇都宮は上司に直談判し、榎本の会社担当にしてもらったらしい。

二人は共謀し、様々な恩恵を受けられるように工夫した。

榎本は資材購入を約束した見返りにリベートを受け取り、宇都宮はある程度纏まった売り上げという数字を得る。

同時に不当な接待費を生じさせ、それを二人で分け合った。

他、様々な金銭関連の不正を行い、あぶく銭を稼ぐ。所謂、ＷＩＮ‐ＷＩＮな関係だ。

その金は日々の遊びで消えた。

曰く「頭が良い俺達は、大学時代から今まで金とオンナに不自由しない生活だった」。

しかし、今月頭に榎本が死んだ。

自殺でも他殺でもなく、原因不明の突然死だったらしい。とはいえ、葬儀会場で口さがない人間達が「本当は実家で首を吊って死んだらしいぞ」と口々に噂し合っているのも耳にした。だから死因は今もはっきりせぬままだ。

その後、初七日も済まない時期に榎本が宇都宮の部屋へ現れるようになった。

仕事から帰ると、すーっと目の前を横切る。

トイレから出ると目の前に立っている。

風呂に入ろうと脱衣所で服を脱いでいると、洗面台の鏡に映っている。ローテーブルの向こう側から頭だけ出して、じっと見詰めてくる。或いは、キッチンにある冷蔵庫の影に立っている。

寝室のベッドに横たわれば、天井の隅から顔だけ出して睨み付けてくる。

果ては耳の中で榎本の声が延々と響くことがあった。

内容はいくつかあるが、殆《ほとん》どが〈いいなぁ、生きてて〉〈お前はいいよな、生きてて〉〈俺だけどうして死ななくちゃならなかったんだ〉〈お前も死ぬはずなんだけどなあ〉的なことを繰り返した。


「見たくない、聞きたくないから、音楽と酒に逃げていた」とは宇都宮の弁である。

そして原さんと佐藤を呼んだのも、気を紛らわせるためだった。

阿呆か、と原さんは心の中で吐き捨てた。

出てきた話がよくあるオカルト話で聞くようなものであったからだ。コイツは嘘を吐いている。それにきっと他に狙いがあるのだ。付き合っていられない。

「帰りますね。佐藤、出るぞ」

立ち上がると、宇都宮が帰らないで、と小さく叫んだ。

いや、帰るんで、と出口方向へ向く。同時に、何か異音が聞こえた。

最初、水滴の音だと思った。しかし、すぐに変化する。

口笛の音か。

メロディーはなく、ヒューヒューと短く繰り返されている。か細いその音は、寂しげな感情を抱かせるものだった。

口笛は原さん達三人の周りをぐるぐる回っている。

宇都宮が悲鳴を上げた。佐藤も狼狽《うろた》えている。

音の動きとリンクして、遮光カーテンが波打ち出した。

明らかに見えない何かが居る——。

原さんは見えない相手に対して怒鳴った。

唐突に音が止む。

佐藤の腕を引っ張り、玄関へ走った。

靴を履きながら、背後を振り返る。

ギョッとした。

すぐ後ろに宇都宮が居る。二の腕を両手で掴んでくる。

「待って、待って」

待たない。帰る。離せ。冷たく拒否し、その手を振り払った。

それでもむしゃぶりついてくる。頭に来て、力一杯突き飛ばした。

二人外に出た後、ドアが閉まる寸前に宇都宮が泣きそうな声でこんな内容のことを叫んだ。

「俺、二人連れてきたじゃん。約束通りぃー、なあー」


——えのもとぉ。


原さん達はさっさとエレベーターに乗り、マンションを出る。

佐藤が家に帰りたくないと言ったので、朝までファミレスで付き合った。

二人、宇都宮の部屋であったことを話し合ったが、明確な答えが出ない。

途中、佐藤がこんなことを訊いてきた。

「あの音、口笛っぽい奴。あれ、何なんでしょうか?」

原さんは改めて思い出す。そして、自然とこんな言葉が口を衝いて出た。

「今思うとさ、口笛ではなくて、苦しい呼吸音に聞こえたな。喘鳴《ぜんめい》っぽかったかも」

喘鳴。異常がある気道を呼気が通る音。ヒュー、ヒューと言う異常な呼吸音だ。原因は色々あるが、喉に外部から力が加わり、気道が狭くなったときにも生じる。

「死んだ宇都宮さんの同期って、確か」

佐藤の顔が強ばった。原さんも急に怖気に襲われてしまう。

そこで話題を変えた。これ以上、あの部屋の出来事は口にできなかった。


休み明け、原さんが出社すると宇都宮が来ていない。

朝礼で発表されたのは「宇都宮君は病気のため、休職になった」だった。

宇都宮が居なくなって以来、横領など彼が隠した悪行が次第に白日の下に晒され始めていく。それに比例するかのように、何故か会社はブラックさをより深めていった。

原さんは会社を辞め、同業他社へ移った。佐藤も退職の後に沖縄へ移住し、やりたい仕事に就いていている。

原さん達が居なくなって約一年後、件の会社は経営が破綻した。


宇都宮が今どうなっているか、原さんは知らない。

そもそもあの会社を辞めたときに連絡先は消去してある。

死んでいるか生きているかすら既に興味がない、と彼は言い切った。

「あんな我利我利亡者のこと、考えている暇、ありませんからね」

118

ブラック

沢渡さんは小売業の会社に入社した。

新卒で入ったと言うから、二十二歳のときである。

販売支援などを手がける部署に配属されることが決まり、念願の独り暮らしも始まった。

希望に満ちた日々がスタート――したはずだった。

度を越えた残業、休日出勤など、過重労働は当たり前。

高熱で病院へ行くと連絡すれば「甘えるな。這ってでも出てこい」と言われる。

社内の人間、取引先、何処でもパワハラセクハラは日常茶飯事。

更に上司や先輩の朝令暮改に、常に苦しめられる。

加えて、ホウレンソウ（報告、連絡、相談）をしっかり行っても、「聞いてない。お前仕事舐めてんの？」と怒鳴られた。逆に上司も先輩も自分にはホウレンソウをまともにしてくれないので、常に右往左往させられるのだ。

最終的には精神論至上主義の上司達から「心で仕事をしろ。心さえ込めれば労働できる。それができない奴は屑《くず》だ。沢渡は人の心がないせいで仕事ができない」と詰《なじ》られた。

普通ならすぐに「これはブラック（企業）だ！」と気付く。

だが、社会経験の少なさからか、彼女はコレが当たり前だと思い込んだ。

上司に叱責されるのは、自分が社会人として甘いから。

取引先の常軌を逸した発注条件の責任は自分にある。

残業や休日出勤をしなくてはならないのは、自分が仕事を効率化できていないから。

全ては私が悪いのだ。そう思い込み、自分を毎日責めた。ある種の洗脳であった。


入社から一年が過ぎた五月の夜だ。

世の中はゴールデンウィークだが沢渡さんは独り会社に居た。

先輩がケアレスミスで出した損害のフォローをするためである。

誰も居ない静かなフロアに自分を怒鳴りつける者は皆無だ。それに、淡々と業務に没頭していれば、悩んだり、辛いと思ったりする暇はない。気が楽だった。

どれ程仕事を進めたときか。不意に悪寒が背中へ張り付いた。

自然と手が止まる。強ばったように動かない。思わず下を向き、掌を見詰めた。

どうした訳か、急に身体が軽くなったような気がする。

自由にならない指に反して、テンションが上がってきた。鼻歌が出てくる。

席を立ち、会社の屋上へ向かった。出入り口に辿り着くと、手が動くようになる。

ドアを開けた。強い風が吹き込んでくる。春とはいえ、冷たい。しかしそれが心地よく感じる。外へ出て、胸の高さのフェンス越しに下界を見渡した。

ビル群の照明が無数に輝いている。ずっと下を流れる車のヘッドライトが流れ星のようだ。キラキラして眩い。

(まるで星の世界だ)

頭の中にプラネタリウムやイルミネーションのようなイメージが浮かんだ。

まるでこの世ではない景色に、ふと飛び込んでみたくなった。

屋上は地上十階の位置だから、多分死ぬ。死ななくても大怪我をするはずだ。それは分かる。理解できている。しかし飛ぼうという気持ちはなくならない。

(死んだら、もう、仕事しなくていいじゃん。会社に来なくていいじゃん)

改めて眺める眼下の風景には現実味がない。行けそうな気がする。

フェンスの手摺りに手を掛け一気に飛び越えようとしたときだった。

大きな音が鳴った。

スマートフォンの呼び出し音――それも会社関連用に設定していたものだ。

会社から（の電話）だ！　早く出ないと、と身体が強ばる。

慌てて取ろうとしたが、スマートフォンが手元にない。

（……あ、そうか）

自分のデスクに置いてきていた。

ふと我に返る。今、自分は何をしようとしていたのだ。

身体が震える。そのままコンクリートの上に膝をつき、動けなくなった。


漸く落ち着きを取り戻せたのはどれ程経った後だろう。冷えた身体でフロア内に戻り、スマートフォンを確かめる。

着信が複数あった。通信アプリと電話の両方だ。

見ると実家の母親からで、アプリにこんな一文が残されていた。

『まるこ　血を吐いた』

まるこ――実家で飼っている犬。

レッド・ホワイトのウェルシュ・コーギー・ペンブロークで、成人式の後、実家の家族と飼い始めた子だ。

名付けたのは沢渡さん自身で、就職して家を出るまでとても可愛がっていた。
(まるこ、血を吐いた？　え？)
突然のことに感情の処理ができない。母親に電話を掛け、詳細を聞いた。
『さっき、突然血を吐いた。原因は分からない。病院へ向かっている』
後からまた連絡するというので電話を切る。
いつ血を吐いたのだろう。改めて着信記録を見た。
最初の着信は、多分、彼女が手摺りを越えようとしていた時間のように思えた。

それからいくらか時間が過ぎた後、まるこの死が告げられた。
まだ若い雌のコーギーで、健康体だ。
母親曰く『胃が破裂していたって。原因は分からない』。
そこで湧いてきた気持ちは、どうした訳か、もうこの会社を辞めよう、だった。
まるこがいなくなった悲しみがトリガーになったのかもしれない。
ゴールデンウィーク明け、退職願を出した。
罵倒された。しかしもう揺らぐことはなかった。
引き継ぎに思ったより時間が掛かったが、無事退職し、今は比較的ホワイトな企業に再就職している。

沢渡さんは当時を振り返って思うことがある。

（まるこは自分を護ってくれたのかもしれない）

自ら死のうとした自分を、身を挺《てい》して止めてくれたのだろう、と。

だから退職から二年過ぎた現在も新しい犬は飼っていない。親にも飼わせない。

飼える心境になるには、まだまだ時間が掛かる。


――ただ、元同期からこんな話を聞いた。

『沢渡さんが辞めた後、上司の○○と○○と○○がほぼ同時期に胃癌になった』

こまめに検診を受けていたのにも関わらず、かなり進行してからの発見だったようだ。

その後、一人は亡くなった。残りの二人がどうなったかまでは知らない。

この三人の上司は内外の人間に恨まれるような人間性で、彼女自身も常に酷い目に遭わされてきた連中だ。

同僚がこんなことを口に出した。

『何処かの誰かが呪ったんじゃないかな。タイミングとかおかしいでしょ？　然《さ》もありなん、だと思う、アイツらなら。私も大嫌いだし』
真実は分からない。

◆

佐々木さんも沢渡さんと同じような状況であったという。
彼女も毎日毎日ブラックな職場で延々と働き、疲れ切って帰るだけの日々だった。
そんなブラックな日常の最中、時々だが帰宅中の記憶がないことがあった。
気がつくと部屋のドアに鍵を差している最中だ。
会社を出て、電車に乗って……までは覚えている。
次に気付くと、自宅のドアの前だった。
無意識に最寄り駅で降り、改札を通り抜けて迷うことなく辿り着いている。
掛かっている時間も通常と大体同じだ。
ほぼオートメーションで自宅へ戻っていることになる。
時にはコンビニで買い物すらしていて、自分で自分に驚くことがあった。

（どんだけ辛いんだ。疲れているんだ）
げんなりしてしまうが、仕事だけはきちんとしなくてはいけないと自身を叱咤激励し、頑張り続けた。

ある、寒い冬の夜だ。
その日も記憶が途切れたまま自宅の前に居た。
（またか）
差し込まれた鍵を回そうとしたときだった。
左手の中で何かが動いた。思わず目を向ける。
「……え」
何故か、仔猫の胴体を無造作に鷲掴みにしている。
黒い猫だ。
和毛《にこげ》の感触と体温をそこで初めて感じた。
何処で拾ってきたのだろう。記憶にない。
そして、通勤バッグはどうしたのか。あれには財布や交通系ＩＣカードが入っている。
足下を見れば、そこにバッグはあった。

だとすれば、部屋の前でこの子を捕獲したのか。

混乱する中、にゃあと黒い仔猫が鳴いた。

じたばたと手の中で動き始めたので、慌てて抱き直し部屋に入る。

改めてその姿を確かめた。

生後間もないのか、まだ小さい。

全身が黒だが、左前足の先端だけが白かった。まるで手袋だ。

キトゥンブルーの目からもまだ幼いことが分かる。

(この部屋、ペット禁止なんだけど)

しかし追い出すにはあまりに小さい。

一晩泊めてから考えよう。幸い明日は休日出勤がない久しぶりの土曜日だ。

仔猫用のミルクなど当然ない。仕方なく常温の水を与えてみた。喉を潤して落ち着いたのか、仔猫はクッションの上で眠ってしまった。

その隙に軽い食事と入浴を済ませ、彼女自身もベッドへ入った。

そして夢を見た。

黒い仔猫と差し向かいに座っている。

相手は赤い座布団に座り、自分は板の間に直に正座していた。

変なシチュエーションだな、なら夢だな、と思った。

相手の仔猫を見れば、ちょんと前に揃えられた左前足先端だけが白い。

（あ、今、部屋に居る子だ）

何だ、キミ、夢に出てきたのか。面白いな。そんな風に笑うと仔猫が白い足先でぴしりと床を叩いた。落語家みたいな動きに、また笑いが零れる。

だが、仔猫が声を上げた。

〈あのね、笑わないで〉

人間の言葉だ。口調こそ大人みたいだが、声質はアニメの幼い女の子を感じさせる。

ごめんごめんと謝って、そこから会話が始まった。何事か色々話した気がするが、そこはあまり覚えていない。

最後に仔猫が言った二つのことだけを覚えている。

一つは〈今の会社は辞めなさい。辞めないと死ぬからね？〉。

もう一つは結婚についてだ。

〈あなたは二十九で結婚します。でも相手が○○だと失敗で、あなたは死ぬことになる。でも、相手が□□だと大成功。幸せな一生を送ります〉

そこまで聞いて、目が覚めた。

既に朝になっており、部屋の中は薄明るい。

（あれ？　結婚相手の、何だっけ？）
○○と□□が出てこない。重要なことなのにと思う反面、どうせ夢だ、いいか、と考える自分も居る。
起き上がると、黒い仔猫がいつの間にか枕元で丸まって眠っていた。

カーテンを開けながら、夢の中で聞いた仔猫の、もう一つの言葉が蘇る。

〈今の会社は辞めなさい。辞めないと死ぬからね？〉

心が定まった。今の会社を辞めて、再就職しよう、と。夢の内容を信じた訳ではないが、自然とそう思えた。


佐々木さんは現在転職した先で元気に働いている。

辞めた後、元の会社では自殺者が立て続けに出たらしい。業界の評判も著しく悪くなっており、先の見通しは暗い状態のようだ。

あの仔猫はどうしたのかと言えば、彼女が飼っている。

ペット可の部屋へ引っ越したのだと言う。

名前は〈夢〉。

既に（推定）五歳になった夢の目は、ゴールドがかった茶色になった。

今も左前足の白い手袋はしっかり残っている。

一人と一匹で暮らす毎日は快適そのものだ。


ただ——佐々木さんは現在二十八歳。

夢の話だと、そろそろ結婚へのカウントダウンが始まっている。

夢は予言なのか、それともただの夢で終わるのか。

楽しみである反面、やはり気になるのはあのことだ。

〈あなたは二十九で結婚します。でも相手が○○だと失敗で、あなたは死ぬことになる。でも、相手が□□だと大成功。幸せな一生を送ります〉

依然として○○と□□は思い出せない。


最近、寝る前に夢に頼む。

「また夢に出てきてよ、夢。で、教えて。忘れたこと」

でも、出てきてくれない。

それでも諦めず、彼女は夢に向かって「夢に出てほしい」と今も頼んでいる。

華やかなフロアの下で

1

田崎彩子さんは、大手デパートに三十年勤めるベテラン社員だ。

都内の主だった駅前の店舗から郊外店まで、様々な店で働いてきた。数年前からは本店で後進の指導に当たっている。

その彼女が、入社数年目だった頃の思い出を語ってくれた。

不思議で恐ろしい一夜の出来事だ。

「そのとき配属されていたのは、都心部の、とある店舗でした」

周辺には既に同業他社が軒を連ねている町で、彼女の職場は完全に後発の立場。

そのためか、本社の熱の入れようも相当なものだった。

フロアには常に最新の什器《じゅうき》が並び、ディスプレイも一段と凝ったものが用意されていたという。

「初めてお越しになったお客様が、入店した瞬間に声を上げるほどでしたよ。高い吹き抜けの中央に噴水があって、そこに季節の花をモチーフにしたディスプレイをたくさん施して。それはそれは華やかな店でした」

だが、その『初めての入店』のハードルが、非常に高い店でもあった。

立地が明らかに不利だったのだ。他店は大きな駅に直結しているのに、田崎さんの職場は通りを挟んで歩かなくてはならない場所にあった。ほんの数分のことでも、お客様からすれば煩わしかったのだろう。

当時はバブル時代の始めの頃で、日本中が好景気で沸いていた。本社はその不利な店舗にも高い売り上げ目標を強いて、かなり厳しく「指導」してきた。

とにかく周辺他店に追いつき追い越せという風潮が、全社内に蔓延している。

しかし、高すぎる目標設定のためどの部門も追いつけず、全国でもその店舗だけが未達成と度々問題視された。お陰で、オープンから数年で店長が何人も交代させられた。

それがまた、裏目に出た。

新しいトップの下で部下達は右往左往し、あらゆる手順が狂う。しかし、業績の伸びない店舗には人手は多く割けない。人手が足りないから仕事がうまく回らない。仕事が回らないから業績が伸びず、責任を取って店長が交代させられる……いつしか店舗全体がそんな悪循環に陥ってしまった。

それでも、若い田崎さんは必死になって日夜働き続けた。

頑張ればそれ相応の結果が出せるはず。そう信じての努力だった。

しかし、その頑張りは次第に田崎さん自身の首を絞めるようになっていく。

「田崎さん、しっかり者だから助かるよ。これも頼める？」

直属ではない上司が、気楽に書類を押しつけてくる。

「田崎さん、器用だし大丈夫よね？　こっちの在庫の管理も任せるわ」

自分の仕事を、笑顔で先輩が投げてくる。

「田崎さんだけが頼りなんですよ、この企画の根回しお願いできますか？」

果ては出入りの業者やメーカーの営業までもが、フランクに声を掛けてくる始末。

「販売員としてもまだ未熟で、考えなくてはならないことが山ほどあったのに、他の慣れない雑用までちょこちょこ手を出してましたからね」

当然、田崎さんは疲労困憊《こんぱい》し、ミスを頻発させてしまう。

すると、仕事を増やした張本人達に叱責されるという理不尽な境遇が続いた。

見た目ばかりは美しい天国の庭だが、その裏は凄惨な地獄の沼。その水底で田崎さんはもがき続けた。

しかし、それどころか、その店には違う地獄がもう一つ隠されていたのだ。

2

デパート業界では、若い販売員は二人の上司に仕えなくてはならないという。

一人は、会社が正式に配属した上司。田崎さんの場合は、彼女とそう歳の変わらない正社員の男性だった。

もう一人は、もっとも古株のパートの女性……いわゆる『お局様』だ。

昇進に伴い配属先がすぐに変わる正社員達と違い、パートタイマーの女性達は一つの売り場で働き続ける。結果、現場を把握《はあく》できていない正社員と、売り場のことを隅々まで知り尽くし、常連客とも顔馴染みであるパートタイマーが、揃って売り場を仕切ることがままあった。

両者が友好的に手を携えて仕事ができるのなら、この上ない強みになるだろう。

しかし、田崎さんの売り場ではそうではなかった。

若い上司はとにかく、「頑張れ」「何とかしろ」としか言わない。

一方、お局様はと言うと、

「お辞儀の角度は、いつも私が決めたようになさい」

「よくお越しになるお客様に声を掛けるのは、私の後からにして」

「ラッピングを頼まれたとき、まず上の段の紙から使って」

と、とにかく多岐に亘ってルールを定め、従わせようとしてくる。

大体は、一理ある指示が多いのだが、たった一つだけ、どうしても田崎さんが腑《ふ》に落ちないと思っているものがあった。

「いい？　残業はしないのよ。するとしても、原則二三時まで。絶対よ？」

お局様は、ことあるごとにそう言い立てた。

「え、本当に二三時タイムアウトなの？」

「ホントにそっちの店は大変なのね。うちにはそんなルールは特にないわよ」

「私達店員はまだいいけれど、ディスプレイの入れ替えとかポスター貼り直しとかの業者さんはどうしてるの？　普通、深夜に作業するものじゃない？」

他の店舗に配属された同期生達には、同情されたり不思議がられたりした。

田崎さん自身は、「どうせ閉店後に中にいられたら、その分多めに電気代が掛かるだとか、そんなみみっちい理由からだろう」と思う一方、「このルールのお陰で、遅番でも確実に終電で帰してもらえる」とありがたく思っていた。

だが、やることは日に日に蓄積していく一方。

遂にある日、二三時前には片付かないほど仕事が膨れてしまった。

「バーゲンセール用の発注やら月末の書類作業やらが重なって、閉店後ではにっちもさっちもいかないほどの量が残ってしまいました。当時の私の自宅は店からタクシーで大して掛からず帰れるところでしたし、まあちょっとぐらいの残業なら許されるかなって思って」

今ほどセキュリティの厳しい世の中ではなかったのと、何より、その日、件のお局様が休みだったのが効いた。

田崎さんが使う部屋の灯り以外は全て消すことを条件に、上司も了承してくれ、彼女は独りフロア裏の事務室で仕事をすることとなった。

一人、また一人と同僚や先輩店員達が帰っていく。

「田崎さん、まだ残業するつもりなの？　本当に？」

見回り中の警備員さんが、心配そうに声を掛けてきた。

派遣の警備員ではない。かつては販売員だったが、定年後も売り場に残りたいと嘱託で警備員になった、田崎さんの大先輩であった。

「そのつもりです。だって、明日に残したら残したで絶対厄介なことになるに決まってますから……」

田崎さんは言外に『このままでは、また自分だけが理不尽に叱り飛ばされることになる』と匂わせた。いつもの彼なら一も二もなく同情してくれるのだが、何故か今日は眉を顰めて「帰ったほうがいい」とやや強い調子で繰り返した。

「せめて、制服は今すぐ着替えちゃどうですか。どうせ誰もいやしないんですから、私服で仕事して、ロッカールームには寄らずにまっすぐ店の外へ出たほうがいいと思いますよ」

「はあ?」

意味のよく分からない忠告に、田崎さんは首を傾げた。

従業員用の出入り口は地下ロッカールームの近くにあり、そこからすぐ店外へ出られる構造になっていた。この事務室からでは広いバックヤードを経由してからでないと、その出入り口には辿り着けず、極めて効率が悪い。

何より、彼の言葉に従った場合、通勤用の荷物も事務室に持ち込むことになる。

「百貨店の店員は基本的にロッカールーム以外に私物を持ち出しちゃいけないんですよ。店内や事務室などには、財布や化粧ポーチなんかの最低限のものだけを、店支給の透明バッグに入れて持ち歩きます。これは、店員が変な気を起こして商品を隠し持って店外へ出たりできないようにって措置でして、うちの店に限ったことじゃありません」

残業禁止などよりもずっと厳密で、むしろ「業界の決まり事」に近い。うっかり自分のバッグなど提げて歩いていたら、叱り飛ばされるだけでは済まない。

「もしかして、田崎さん、知らないの？」

彼は声を顰めて続けた。

「この店の敷地は……その、『曰く』があるんだって」

「ちょっと小耳に挟んだことはありますけども……」

ここがかつて何かの施設だったとか墓地や火葬場だったとか、実にありきたりな曰くだ。いい大人が真に受ける類ではないだろうと田崎さんは一笑に付した。

「怖い目にあった人が本当にいるんですよ。だから、とにかくロッカールームへは行かないように。くれぐれも気を付けて下さいね」

そう言い残し、そのパートさんもまた足早に帰っていった。

曰くなど本気にするつもりはないが、親切な先輩の忠告だ。無視するのもどうかと思い、田崎さんはすぐ着替えに向かおうとした。

だが、そのとき、けたたましく電話が鳴った。

嫌な予感に苛まれつつ、田崎さんは受話器を取る。

案の定、電話の相手は重要な取引先で、今まさに残業させられている原因だ。しかも、その内容はとても複雑で、電話を切った後、田崎さんは大慌てでデスクに引き返してしまった。

「そのまま、机にかじり付いて書類を書き続けて、ふと気がついたらかなり遅くなってしまってたんです」

時計の針はとっくに二三時を越えていた。

けれど、今ならタクシーではなく終電に乗れると、田崎さんは急いでロッカールームへ向かった。もちろん、戯れ言まがいの忠告など、もはや記憶の端にも残っていない。

店員用ロッカールームは、店の最下層の、更に片隅にある。壁も床もコンクリートの打ちっ放しで、くすんだグレー一色。昼でも何処か薄暗く、湿気のためか常に何処か生臭い。

いやな感じだと思いながら、田崎さんは自分のロッカーを開けた。

正社員からアルバイトまで、大部分の女性達が使うその部屋は、バックヤードではもっとも広い部屋の一つだった。乏しい光源の中でぎっしりと並ぶロッカーが、まるで墓標のように見える。

よくない想像をしてしまったと彼女が嘆息した、その瞬間。

ガガッ、ガガッ……。

何処からか音が聞こえてきた。これまで田崎さんが一度も耳にしたことがないような音が。

続いて、ガツガツという音。これは分かる。堅い靴底が床を叩く音だ。

誰かいる？

息を飲んで、田崎さんは立ち尽くした。今この店内にいるのは自分と例の警備員氏だけのはず……。

挨拶をしなくては。そして、もう帰りますと言っておかねば、着替えている間にロッカールームに入ってこられかねない。

頭は冷静にそう判断するのに、何故か身体がうまく動かない。

ガッガッ。

ガツガツ。

ガッガッ。

ガツガツ。

音はどんどん近づいてくる。林立するロッカーの間を縫って、誰かがこちらへやってくる。一歩、また一歩。

田崎さんは瞬き一つすらできぬまま、その場に立ち尽くした。

それでなくとも冷たい地下の気温が、また一段と下がったような気がする。そう思った途端、彼女は本当に凍えたみたいに動けなくなってしまった。

やがて。

音の主がロッカーの陰から姿を現した。

背は低い。けれど、がっしりとした肩幅やいかつい首のラインで男性だと分かった。袖口や肩の感じからして、制服を着ているように見える。

やはり警備員さんかと、束の間、田崎さんはホッとした。今度こそ声を掛けようと何とか一歩を踏み出して——気がついた。

男の左手には何かが握られていて、その先端が床を抉り、ガガッガガッと不快な音を立てているのだ。

それは、鞘だ。傷つきひしゃげた、古いサーベルの鞘。

そして、男の右手には抜き身の剣が握られ、地下の弱光の中でもちかりと輝きを放っていた。

目の前の男が纏っているのは、制服ではない。

軍服だった。

映画やドラマでしか見たことのない、カーキ色の服。それに、どす黒い血の染みが広がっている。

淡い光の中、男の表情はよく見えなかった。だが、それが生きていないことだけは分かった。

首が、殆ど直角に生えて……いいや、今すぐもげ落ちそうに、肩口でふらりふらりと揺れていたのだ。

反射的に田崎さんは悲鳴を上げた。己の絶叫が引き金になったのか、ようやく身体が動く。彼女は身を翻して、その場を逃げ出した。

ガツガツガツガツガツ！

背後から靴音が追ってくる。急いでいる風ではまったくない。しかし、確実に肉迫してくると分かる足取りだった。

彼女にはもう振り向くことなどできなかった。

ただただ距離を取ることだけを考えて、ロッカーの間を走り回る。金属の角に肩を打ち付け、コンクリートの床に足を滑らせ、それでも彼女はひたすら逃げ惑った。

そうこうするうちに、田崎さんはロッカールームを抜け出し、バックヤードへと転がりこんでいた。

在庫の置かれた棚と一緒に、マネキンが立ち並んでいる。

光の下でならごく見慣れた光景だが、今は闇だ。ちらと見ただけで毛穴が開くような恐ろしさが漂い、彼女の逃げ足がわずかに鈍った。

ひゅん！

背後から聞き慣れない風切り音がする。曲がり角でちらとだけ見た肩越しで、男がサーベルを振り上げながら、緩慢に近づいてくるのが見えた。

「ひ、うぁ……」

震えながら、田崎さんはマネキンの影へと座り込んだ。目を固く閉じ、両手で口を塞いで身体を精一杯縮こまらせる。もう自分にできるのは、闇の中に身を潜めることだけだ。

ガツガツガツ。

ガツガツガツ。

ガツガツガツ。

そうして、何分かが経過した。

「――どうかしましたか？」

静かな声が響いた。

落ち着いた、壮年男性の声。

聞き覚えのある声だった。

田崎さんが恐る恐る目を開くと、懐中電灯を持った警備員さんが、心配そうこちらを見下ろしていた。

3

その後、田崎さんは高熱で寝込んでしまい、次に出社できたのは半月近くも過ぎてからだった。

まず、彼女を病院へ運んでくれた警備員さんに礼を言い、それからお局様にも頭を下げた。

「その店の『曰く』については、彼女から教えてもらいました。取り潰された陸軍の施設で、戦後に死体がいくつか出てきたそうです」

その故人達がどういう経緯で命を落としたのかまでは誰も知らなかったし、会社ももちろん把握していないようだった。

「『二三時以降は残業禁止』なんてルールを作ったお局様自身が、あの霊を見たことがあったとか」

もしも先にそう言われても、あなたは信じなかったでしょう？　と、苦い笑顔で訊ねられ、田崎さんはひたすら恐縮するしかなかった。

華やかだったその店は、それから一年と保たずに閉店した。

その場所には、他のファッションビルが建ち、昼間は若者達で賑わっている。

今でもそこでは「二三時以降に残業してはならない」と言われているのかどうか……田崎さんはずっと誰にも聞けないでいる。

避ける

とある公園がある。

池があり、遊歩道が完備されているので訪れる親子連れも多い。

徒歩で来た人がその遊歩道に入るには、駐車場を抜けなくてはならない。

平日、この駐車場にはよく営業車が停まっている。

車のすぐ横を通り過ぎなくとも意外と車内の様子は丸見えだ。

大概運転席にはワイシャツ姿の男性が乗っている。シートを深々と倒し、スマートフォンを弄ったり、眠ったりと様々だ。俗に言うサボり中、というものか。

駐車場を囲むように植えられた木々が日光を遮断するから、夏場も車内で過ごしやすいことは想像に難くない。それにこの木のお陰で道路側から見えにくいことも、人目を避けたサボりポイントして最適なのだろう。

この公園をよく利用している女性が居た。

午後、幼い子供を連れて散歩するためだ。

月曜から金曜の間、一日置きぐらいに遊歩道を歩く。

当然、駐車場を突っ切るのだが、いつも決まった場所に同じ営業車が停まっていることに気がついた。

地元の中小企業の社名が書かれており、ナンバーも覚えやすい数字の羅列なのでいつしか記憶してしまったのだ。

遊歩道への通路側に車の前方を向けているため、より車内がよく見える。

車内でシートを倒して眠っているのは中年男性で、髪の生え際と右の眉尻に大きな黒子が一つずつ、合計二つあった。特徴的と言えば特徴的だろう。

この男性はいつも大口を開けて眠っている。窓を閉め切っているので鼾《いびき》は聞こえない。

ただ、異様に顔色が悪く、苦悶の表情であることが気になった。

(仕事しなくていいのかな？)

見かけるたびにそんなことをよく思ったと言う。

秋の連休少し前だったか。

午後、彼女はいつも通り子供を連れ、あの公園を目指した。
だが、駐車場に入った途端、子供が泣き始める。
理由を訊いても答えない。ただ、首を振る。熱はない。体調が悪いのかもしれない。
散歩せずに帰ろうとしたとき、視界の端に何かがチラッと映った。
視線を向けると、いつもの営業車がある。
位置的に助手席側からで、駐車スペース二、三台分ほどの距離があった。
その屋根部分に何か陽炎のようなものが立ち上っている。
周りにある他の車からは出ていない。
やけに気になった。泣く子を抱きながら、じっと陽炎を見詰める。
揺らぎが少しずつ止んできたかと思った瞬間、強い視線を感じた。
何処からだろう。思わず出所を探りつつ、目を下げる。
見つけた。と同時に息を呑んだ。
助手席側の窓に、あの黒子の男性の顔があった。
まるで硝子に顔面を押しつけるようにして、じっとこちらを睨み付けている。
憎しみすら感じる表情に思わず踵《きびす》を返そうとした瞬間だった。
男がクシャッと相好を崩す。

意表を突かれ固まると、今度は目を剥き、口を大きく開けた。

眼球が飛び出しそうな苦悶の表情だった。

どうすればいいのか。混乱した彼女はその場から逃げ出した。


それから、あの公園に足を運ばなくなった。

陽炎と男の異様さに怯えたことも確かだ。

しかし、あの日から子供が熱を出すようになったことが一番の理由だった。熱に浮かされた子供は「みてゆ（見てる）、みてゆ」と繰り返す。悪夢を見ているようだ。

病院に行っても解熱鎮痛剤の座薬を出されたくらいで、明確な原因は不明。発熱は続き、このまま行けば入院せざるを得ないところまで来ていた。

——が、連休が終わって最初の月曜日だ。

あの公園で自殺者が出たという情報が入った。

中年の男が公園の駐車場にある木を使い、首を括ったらしい。

「ほら、あの有名な会社に勤めている営業の人らしいよ」

近所に住む噂好きの小母さんがそんなことを教えてくれた。

聞いた会社の名は地元の中小企業。いつも停まっているあの営業車に書かれたものだ。

まさかと思った。あのいつも居る中年男性が――と。しかしそこまでは分からなかった。

ただ、自殺者の情報を耳にした日から、何故か子供の熱は綺麗に引き、うわごとも収まった。医者も首を捻るほどの快癒ぶりであった。


自殺の話を耳にしてから一年ほどが過ぎた頃、漸く子供を連れてあの公園へ出掛けられるようになった。

駐車場にあの営業車も、黒子の男性も居なかった。

とはいえ、あの自死した中年男性がその人物だとは思わない。

もしかしたら別人の可能性もある。いや、そう思いたかっただけかもしれないが。


彼女は今日も子供と公園へ行く。

あの自殺者がぶら下がっていたという木の前と、あの営業車が停められていた所を避けながら――。

逃げる

浅沼さんは機械系の会社で働いている。

以前は商社勤めだったが、少し前に転職した。二十八歳になったときだ。

商社に居たとき、三つ上の先輩に可愛がられていたという。

その先輩——東海林からこんなことを教わった。

「いいか、浅沼。俺達は営業だ。しかし知識や技術で買ってもらわなくちゃダメだ」

営業で御座い的に取引先へおべんちゃらを言う、接待を重視する、或いは調子の良い嘘で気を引く、単なる価格競争で受注してもらうのは誰にでもできる。それじゃいけない。

我々は毎日製品のことを学び、最新の知識や技術に通じるよう常にアップデートし、提案営業しなくてはならない。技術と知識を売るのだ。それが顧客の信用を得ることに繫がり、ひいてはずっと先までを見据えた営業になる、と。

見た目は表情に乏しい東海林であったが、中身は熱い男だったと思う。

それだけではなく〈仕事のみに邁進《まいしん》しろ、会社に全てを捧げろ、残業や休日出勤はして当たり前、それに対する対価はないのが普通だ〉のような思考を否定する人間でもあった。仕事は仕事。プライベートはプライベートで大事。だからメリハリを付けることと、余暇をしっかり取るため合理化すべき所はすることが肝要だといつも言っていた。

浅沼さんも多くの影響を受けた。それほど尊敬できる先輩だった。


そんな考え方の東海林は社内に敵が多かった。

旧態依然とした営業手法を重んじる、言わば、東海林が言うところの〈営業で御座い〉〈会社への忠誠心は残業と休日出勤で表す〉事を信条とする同僚達からすれば、彼の言い分は自分達への嫌味に聞こえていたのだろう。

東海林の知識・技術を売る営業スタイルのほうがザ・営業風スタイルよりも数字が良かったこともそれに拍車を掛けた。

よくよく考えてみれば、接待費を使って数字を上げたところで、費用対効果の点で東海林に負けている。加えて、無駄な残業や休日出勤で会社の光熱費を余分に掛けている連中と、最低限しか時間外労働をしない東海林ではどちらが優れているか明白だろう。

数字で負けている三十から四十代の中堅達は東海林を敵視した。要するに逆恨みだ。

加えて東海林の考えに賛同している人間は連中から明らかな嫌がらせを受けた。

更に彼らは自分達が所属する派閥のトップに働きかけ、東海林とその賛同者へ圧力を掛けてくる。

東海林自身、派閥に否定的な人間であったから後ろ盾になる人間は殆ど居ない。だから社内で護ってくれるような者は皆無に等しい。

理不尽な扱いに耐える他なかった。

一つ言えば、東海林に賛同している社員のグループも一つの派閥と見なされていた可能性がある。ある意味そうかもしれないが、本質的に違うと浅沼さんは考えていた。何故なら、東海林を始めとした若い社員だけであり、社内政争とは無関係だったからだ。

そもそも東海林は数字や会社への貢献度から言えば、ある程度昇進や待遇の改善をされても良いはずだ。それなのにいつまでも平のままであった。

上層部との軋轢《あつれき》、そしてそれを生み出した連中の差し金だろう。

代わりに東海林の同期が異例の昇進をしている。冴えない成績であったはずだが、どうもある派閥に与したことが功を奏したようだ。

当の東海林は「昇進に興味がない訳じゃないけど、まあ、気にしても仕方がない」と笑う。

浅沼さん達、東海林を慕う後輩のほうが悔しがった。

ある年の四月の終わり、各部署へ配置された新人達に五月病が出始める時期だ。

ゴールデンウィーク前と言うこともあり、社内は浮き足立っていた。

長い休みが来る喜びもあったが、どちらかと言うと業務的な忙しさのせいだ。

商材の納期に取引先のスケジュールと調整すべき点は多い。

東海林や浅沼さんは予め動いていたため、五月のゴールデンウィークはまともに休めるはずだった。

ところが、課内の三十代後半の社員が東海林に命令を下す。

「東海林、俺の顧客のとこ、集金に行ってくれ」

客の中には振り込みではない会社もある。売り掛けの集金は担当営業の仕事だ。

「この日じゃねーとダメだって指定だからヨ。あ。俺は接待ゴルフで行けねーから。お前、頼むワ。課長の了承も取ったし。細かいのは事務に訊いて」

三十代社員はそこまで指示すると、さっさと立ち去っていった。

この人物は、東海林を一方的に目の敵にしている一人だ。

指定された集金日は五月のゴールデンウィーク中日である。あまりに面倒な仕事だ。自分が変わりますと浅沼さんは集金を買って出た。が、東海林は首を振る。

「俺が行くよ。御指名だからね。行かないとまた煩そうだ」

苦笑交じりだったが、目は笑っていなかった。


ゴールデンウィーク明けだった。

浅沼さんが出社すると、社内に落ち着かない空気が漂っている。

東海林と課の上司、そしてあの集金を頼んできた社員の姿がない。

仲の良い同期が耳打ちをしてくる。

「東海林さんが代打で集金に行った会社、トンだって」

トンだ――夜逃げか、それとも自死したのか。

「会社の工場内で首、括ってたらしい。第一発見者は東海林さん。警察から色々長々訊かれて大変だったらしいぞ」

あのパターンか、それも東海林さんが絡むなんて、と浅沼さんは暗澹《あんたん》たる気持ちになった。

長期休み明けは経営難の会社で問題が起きていることが多い。

社員を残して社長一族が夜逃げすることもあれば、経営者が自殺するパターンもある。

債鬼が来ても売掛金は払えません。逃げますので後はどうぞ御自由に、と言う所か。離婚をし、家族と関係を絶ってから全責任を負う形で自ら死を選ぶ人も多いが、やはりどうしようもなくなってしまったからこその選択なのだろう。

問題は、相手の会社を担当していた営業の無能さが、売り上げ回収不可の被害を招くと言うことだ。

普通、営業は営業活動中に売る相手の経営状況など目配せする。

少しでも怪しい部分があれば、商材販売量を抑えるよう調整したり、売り掛けから都度現金払いへ変えたりする。リスクヘッジという奴だ。

ところが相手に騙される、或いは鈍さから勘づけない営業担当だと被害をもろに受ける。

今回のケースは正にそれであった。

被った額はそこまで高くないが、それでもミスはミスである。ただ、どうにも解せないのは、叱責されているのが東海林だと言う所だろう。

ミーティングルームから戻ってきた東海林は一見穏やかそうな顔だ。が、纏う空気に明らかな怒気を孕《はら》ませている。

どうやったら励ませるのか。悩んでいると、集金を頼んできた三十代社員が遠くで嗤っている顔が目に入った。浅沼さんに怒りが湧いてくる。

抗議してやろうかと立ち上がり掛けたが、察した東海林に止められた。

「いいから。こんなこともある」

被害を受けた当人から言われたら、もう何もできなかった。


後日、問題の全ては東海林の責任であると決定した。

どんな裏技を使ったのか分からないが、担当者は全責任を東海林へ被せたのだ。

上層部とグルにならねばできない所行だ。

あり得ない、あってはならない話だった。

裁定が下った時期から、東海林は焦燥した表情を浮かべるようになった。

疲れ切った、まるで病人のような様子だ。

心配した浅沼さんが声を掛けるが、大丈夫だとしか返ってこない。

このままでは東海林が倒れてしまうのではないかと恐れた。

病か。それとも一連の出来事による心労からか。そこだけでもはっきりすれば、少なからずともフォローはできる。

夏も近づく金曜の晩、浅沼さんは東海林を食事に誘った。

食欲がないからと断られる。ならば、と喫茶店へ無理矢理引っ張っていった。

人が居る場所から少し離れた席へ座り、東海林に事の真偽を確かめる。

「病気じゃない。それに一連の問題も関係ない」

きっぱり言い切った後、ふと東海林の顔に影が差す。

「いや。関係あるかもしれない。浅沼……与太話、戯れ言として聞いてくれるか？」

頷《うなず》くと、東海林は言葉を選びながら話し始めた。


ゴールデンウィーク明け、上司らからの査問が終わった後だ。

帰宅ルートと自宅で異様なことが起こり始めた。

例えば、社内で視線を感じる。右側からだ。

同僚達の姿はあるが、こちらを向いている顔はない。

会社を出ると、また似たような感覚が始まる。

大体右方向からだが、そこはビル群であり、壁だけだ。振り向いても人っ子一人居ない。

じゃあこの感覚は何だ？　と訝《いぶか》しんでいると、視界の上方に何かが入ってくる。

顔を上げると何もない。

駅構内へ入った途端、気配は消える。

安堵しつつ改札を抜け、電車へ乗り込むが、今度は自分の右脇から誰かが近づいてきた。

誰だとそちらを向くが該当する者は居ない。よく考えれば混んでいるときでも同じようなことがある。前後左右人に囲まれているのに、右から何かがすーっと近づいてくるような感じか。もちろんすぐ右横に立つ人ではないことは確かだ。

電車を降りるまで何度か似たような状態が続く。

ホームに降りると厭な動悸《どうき》がする。心臓が苦しい。脂汗が出て来る。

落ち着いてから駅を出るが、またしても右のほうから誰かに見られている感覚が襲ってきた。もちろん、人も、動物の姿もない。

自宅マンションに入ってからも似たような状況が続く。

居もしないものを見たり、おかしな視線を感じたりするが、そのたびに心臓がおかしくなり掛ける。

そして、訳の分からない夢を見始めた。

寝室の壁際に置いたベッドに横たわり、眠りに落ちる。

すると自分の寝室でベッドの上に居るシーンから夢が始まる。

いつの間にか掛け布団が剥がされた状態だ。起き上がろうとするが身体が動かない。声も出ない。目だけは自由なので、可能な限り周りを見回す。

気がつくと自分の顔を覗き込む人に気付く。

否、覗き込むというのか、目の前に顔がポンとあるというのか。

視点が合うギリギリの位置にいるのだと思う。縦にした拳一つか二つ分の距離だろう。

その顔は正面から若干右側へずれている。

手足も身体も、髪型も、どうなっているのか分からない。顔面だけが認識できる。

皺《しわ》の目立つ男性で、瞬きが激しい。

そして何故か口を窄《すぼ》めては開く動作をゆっくり目に繰り返している。

んー、ぱっ、んー、ぱっ、んー、ぱっ、んー、ぱっ。そんな音が聞こえてきそうだが、何故か無音だ。というより、周囲の音そのものがない。

どれくらい過ぎた頃か、顔が消える。

身体に自由が戻り、ベッドから起き上がる。全身汗みずくだ。周囲は暗い。

夢にしてはリアルだった。否。夢と現実の境目が分からない。何処から何処まで夢なのか、現実なのか、自分では判別が付かないのだ。

ふと気付く。掛け布団が寝室入り口に落ちていた。ベッドからそこまで少なくとも畳縦二畳の距離がある。投げないと届かないはずだ。

どういうことかと混乱していると、また視線を感じる。やはり右側からだ。

ベッドランプを点けると同時に気配は消え失せる。

顔の夢を見ないときも、大体夜中に目が覚める。

その際、どうした訳かリビングの床に膝を揃えて座っている状態だ。

立ち上がろうとすると、自分の右脇の床に何かが落ちているのが目に入った。

包丁だった。

キッチンを確かめると、包丁を収納している部分のドアはしっかり閉じられている。

眠ったまま無意識に包丁を取り出したのか。怪我でもしていたらと血の気が引いた。


「……こんな風なんだ」

東海林はバツが悪そうな雰囲気だ。

「それ、どれくらいの頻度で？」

「ほぼ毎日。繰り返し起こっている」

完全にアウトな状況ではないかと浅沼さんは考えた。オカルトなんて簡単に信じていない。しかし明らかに東海林は異常な事態に陥っている。

よくよく思い返せば、ここ最近の東海林はやけに右側を気にしていた。

この喫茶店へ来るまでも、そして席に着いてからも度々右側へ視線を向けている。

冗談でもこんな行動を取る人間ではない。

無理からぬ話だ。どうにかできない物か。例えばカウンセラーへ相談するとか。そんなことを思っている最中、東海林が口を開いた。

「いや、俺、病んじゃったのかなあと思ってはいるんだよね」

考えていたが、何となく認めてはいけない気がした。しかし言葉が出てこない。

そろそろ行こうかと立ち上がる東海林に、浅沼さんは案を出した。

「あの、今日、俺、東海林さんの家に泊まります。どういうことか、確かめます」

東海林は、そうか、いいよ、とアッサリ了承してくれた。


東海林の自宅はセキュリティのしっかりしたマンションだった。

部屋に入り、途中で買ってきたノンアルコールビールを飲む。

酔っ払ったら真実を確かめる邪魔になるからだ。

「これがそのときの包丁だ」

見せられたのは万能包丁、三徳包丁という物か。刃渡りは大人の拳縦二つ分より長い。

料理好きの東海林らしく、ステンレス製ではない多層鋼だった。

色々話すうち、話題はあの首を括った現場を見た話になった。

東海林の顔が曇る。

「現実味がない、っていうのが本当かな」

当日、集金で相手の会社を訪ねたが、事務所に誰も居ない。

指定された日時だったからおかしいなと工場のほうへ回った。

場内へ通じるドアがあり、試しにノブを捻るといとも簡単に開く。施錠されていないのなら、多分この中に居るのだろうと一歩足を踏み入れた。

嗅ぎ慣れた機械油の臭いと鉄臭さに混じって、糞尿らしき悪臭が漂う。いや、それだけではなく、傷んだ魚の腸の臭気が混じっていた。

こんにちはー、こんにちはーと繰り返しながら少し奥へ入ったとき、それを見つけた。

天井に取り付けられた電動チェーンブロック——チェーンをモーターで巻き取り、重量物の吊り上げ、吊り下げをするもの——。

そのフックにぶら下がる、スーツを着た経営者男性の無残な姿を。

「どうも、フックにロープを付けて、それからボタンスイッチを押したんだろうな。意識を失うまで（ボタンを）押し続けたのかもしれない」

死ぬという強い意志の表れだと東海林は暗い顔になる。

「それに今度のゴールデンウィーク中は気温が高かっただろ？　そのせいか強く臭うよう

になったみたいなんだよなぁ」

以来、腐臭や機械油、切削油の臭いを嗅ぐたびに思い出すのだと苦笑する。

が、途中で真顔になった。

夢に出てくる顔は、その経営者に少し似ている気がするのだ、と。

「まったく同じではなく、何となく。それに担当じゃないから、生きているときの顔、あんまり知らないいんだよ。あの遺体の顔もちゃんと見ていないし。でも、似てる気がする」

だからおかしな出来事の原因があの経営者にあるのか判断に苦しんでいる。ただ、お前は（自殺者を）見ないで済むようにしろよ、浅沼、と東海林は真面目な口調で言う。

あまりこんな話をしていてもよくない気がしたので、話題を変えた。

話し込むうち、気がつくと午前三時前になっている。流石に遅い。交互にシャワーを浴び、床の準備をする。

東海林は寝室のベッドで。浅沼さんはそのベッドの右脇、床の上に毛布を敷き、更に別の毛布を掛けて寝る。

間接照明だけ灯して床に入ると、すぐ東海林の寝息が聞こえ始めた。

おかしな現象は何も起こらない。そのうち、浅沼さんも眠りに落ちた。

寒さで目が覚めた。

薄明るい部屋の中、目の先に見慣れない壁がある。振り返ると、これもまた馴染みのないドアがあった。再び前を向くと、ベッドがあることに気づく。

あ、そうか東海林さんの部屋に泊まったんだと思い出したとき、違和感に襲われた。

床に寝ていたはずなのに、自分はどうして立っているのだ。

気がつくと、右手に包丁を持っている。さっき見せてもらった物だ。

自らキッチンへ行って取ってきたのか。自覚はない。それ以前に、無意味な行動だ。

(戻さないと)

足音を消して寝室を出ようとしたとき、視線を感じた。

振り向くと、ベッドに仰臥《ぎょうが》したまま、東海林がこちらを見詰めている。

穏やかな間接照明の光に、開いた目がヌラヌラ輝いて見えた。

「すみません……あの」

声を掛けるが返事はない。

もう一度話しかけようとしたとき、東海林の口が動いた。

んー、ぱっ、んー、ぱっ、んー、ぱっ、んー、ぱっ……。

唇を窄め、開ける動作。ただし、音は聞こえない。

浅沼さんは思わず東海林の寝るベッドを蹴った。

衝撃のせいか、ベッドの主が飛び起きる。

「……はあっ、おっ、おっ」

何事か声を上げていた。浅沼さんは部屋の照明を点ける。

東海林がようやく落ち着きを取り戻した。

「今日は、夢を見ていなかった……でも」

急にベッドが揺れたので地震だ！　と驚いて飛び起きたらしい。

浅沼さんは、さっきから今までの出来事を説明した。

「ヤべぇな」

「はい。ヤバいと思います」

ふと思い出す。コンビニでノンアルコールビールと一緒に、撒くか盛るか用として食塩の袋を買ってきたことを。

寝室を清めましょうとリビングに置きっ放しのレジ袋を取ってくる。

さあ、封を開けるぞと袋から塩を取り出すと——中身が殆ど入っていない。

塩のビニール包装がレジ袋の中で破れ、中身が漏れていた。

浅沼さんは東海林と顔を見合わせる。

少なくとも、飲み物を取り出したときは無事だった。

いや、寝る前に一度レジ袋から取り出した覚えもある。そのときも破けていなかった。

「何だこれ」

多分、塩では追っつかない気がすると、朝を待って神社へ駆け込み、厄除けのお祓いを二人で受けた。

授かったお札を寝室へ納め、漸く人心地が付いたのは午後三時過ぎであった。

遅い昼食を外で摂りながら、二人どちらともなく口に出す。

「会社辞めて、他へ移りたい」と。


神社以降、東海林の異変は収まったようだ。

血色も良くなり、体調も戻ったらしい。

そして翌年、東海林はヘッドハンティングで他社へ移った。

ほぼ同時期に浅沼さんも辞め、営業ではない職種に就いた。

現在も東海林とやり取りが続いているので、お互い順風満帆なことを知っている。

また、古巣の会社が資金繰りに苦しむほど低迷していることも、知っている。

数回目の取材が終わろうとしていたときか。浅沼さんが苦笑いを浮かべながら口を開く。

「実は、ちょっと隠していたことがありまして」

どういうことか訊ねると、声を潜めて教えてくれた。

「あのとき、神社の厄除け中なんですけどね」

もし、あの自死した経営者さんが祟っているのなら、東海林さんや俺におかしなことをするのは間違っている。やるなら担当の営業の奴だろう！　ウチの会社そのものだろう！

あっちへ行け！　あっちへ！　と何度も念じたのだ。

「実はまったく同じことを東海林さんもやっていたみたいで……」

効果は覿面《てきめん》でしたね、ほら、元居た会社の低迷ぶりと、それと、と彼は眉を顰めた。

そう。例の〈集金を押しつけてきた三十代後半営業〉にも、不幸が降りかかっていた。

浅沼さんが会社を辞めてから半年経たないうちに会社としても庇えないレベルの大問題を引き起こしたのだ。

そして、休日に会社へ入り込み、社内で首を括ったらしい。

浅沼さんがぽつりと漏らした。

「まだ若い奥さんと幼い娘さんが居たんですけどね。彼も逃げちゃったんでしょうね」

おめでとう

1

尾花昌美さんは、いわゆるキャリアウーマン。共働き家庭の先駆けの一人である。

男女雇用均等法の第一期生で、某食品メーカーで初めて登用された女性幹部候補だった。

「会議に出席している女性は私だけ、出張する女性も私だけ。やることなすこと、『君が我が社初の女性なんたらかんたら』と言われ続けてきました」

想像を絶する苦労を重ねてきただけあって、言葉や態度に如何にも俊英という風格が漂っている。

「だんだんおばちゃんなんだかおっさんなんだか、分からなくなってきましたよ」

と笑う声もカカカと大きく威勢がいい。

これは、そんな彼女が語った恐ろしい体験談である。

入社して七年目、三十歳になろうかという頃、尾花さんは結婚した。

当時は「二十五歳を過ぎたら女の結婚適齢期は終わり」「三十歳を過ぎたら完全に手遅れの行き遅れ」という風潮だったので、瀬戸際の決断であった。

周囲の働く女性は殆どがシングルであったから、尾花さんは『我が社初の既婚女性社員』となることに。

「むしろ、それが決め手でした。もし私が独身を貫いてしまったら、或いは仕事を辞めてしまったら、後輩の女性達みんなが『結婚するなら出世は諦める』『仕事を辞めたくないから結婚しない』しか選びようがなくなってしまうと思って」

幸いお相手の男性は学生時代から一人暮らし。家事にも共働きにもまったく抵抗がない、極めて先進的な感覚の持ち主だった。

「だから、新婚当初は何の問題もありませんでした。でも、妊娠してからは勝手が完全に変わってしまいまして」

第一子を授かったとき、直属の上司はまず絶句し、それから「まさか辞めたりしないよね？」と彼女の進退を気にした。

同僚の男性達も激しく動揺し、

「妊婦を働かせていいのか」

「残業は何処まで頼んでいいのか」

「でかい腹で取引先まで行くつもりなのか」

などと、心配半分揶揄《やゆ》半分の大合唱を繰り返す。今でいうマタニティ・ハラスメントのようなことも数え切れないほど言われた。

もっとも、こういった反応も尾花さんにとっては想定内。

むしろ、「私が社内でのモデルケースになる訳ですし」「これをきっかけに我が社も進化するべきです」と育児休暇の創設やその他のサポートの手配や根回しを、精力的に進めていった。

しかし、いくら彼女の意志が強くとも、身体の変調だけはどうしようもない。

悪阻《つわり》で会社のトイレで吐き続けたことがあった。ホルモンの関係で猛烈な眠気に襲われるため、ミント系のクリームを目の下に塗り込み続け、顔が真っ赤になって荒れたりなどもした。

「私を後輩の女性達は応援してくれてました。自分の思いが通じたんだなって、本当に嬉しかったですね……」

——ただし、初めだけ。

そう断って、彼女は回想をし始めた。

2

いよいよ明日から産休に入るという日のことだった。

「尾花さん、これ貰って下さい」

「この間の日曜日、みんなで神社にいってきたんです」

「尾花さんが無事にお子さん産めますようにって」
四、五人の女子社員達が差し出してきたのは、水天宮のお守り。ピンクの袋に『安産祈願』の文字と可愛い子犬のイラストが刺繍《ししゅう》されている。
「えっ、休みの日に？」

尾花さんは思わず涙ぐみそうになった。

見回した数人の中には、いつも一緒に仕事をしている人もあれば、あまり話したことのない顔もいる。会社の地味なユニフォーム姿の者もあれば、私服を粋に着こなしている者もある。これだけ多彩かつ多忙なＯＬ達が、休みの日にわざわざ集うなんて滅多にあることではないだろう。

「ありがとう。みんなにたくさん迷惑掛けた身なのに、ごめんなさいね」

彼女は、心の底から頭を垂れ、恭しい仕草でそれを受け取った。

「そんなこと言わないで下さいよ、尾花さん」

「とってもおめでたいことじゃないですか！」

「先輩が頑張って下さってるから、私達の待遇もどんどんよくなってるんですし」

「私達、尾花さんを目標にして頑張ってるんです」

「みんな……」

こんなに多くの女性達が自分の出産を案じてくれたのかと思うと、感激もひとしおだ。

尾花さんは小さなお守りをぎゅうと握りしめ、涙ぐむ。

「ありがとう、私、頑張ります。ちゃんと乗り切って、戻ってきますから！」

力強い彼女の宣言に、女性社員達の拍手が重なった。

それから二週間後、彼女は無事に男の子を出産。一児の母となり、更に数ヶ月後、会社に戻った。

産む前までは「今どれだけきつくとも、出産さえすればどうにかなる」と思っていたが、産んでから辛さはまた違うものがあった。

新生児の頃は夜泣きに悩み、少し大きくなってからは発熱や下痢、更に成長すると床の上で這い回る我が子から目が離せない。

しかし、一度、会社に戻った以上、そうそう簡単に休んだり早退したりもできない。〇歳児保育園がまだまだ未整備だった時代でもある。結局、実家の母に頼みこんで支えてもらうことに。

一体自分は何をやっているんだろう、と、泣きたくなる日々が続いたが、そんなときは例のお守りを取り出しては、

「後進のためにもまだまだ挫けてはいられない」

と、眺めて己を鼓舞した。

ある日のことだ。

尾花さんはへとへとに疲れ果て、息子を放ったままうっかりうたた寝してしまった。五分あるかないかぐらいの隙に、小さな我が子は何かを口に入れてしゃぶっていた。

「こらっ、何を食べてるの！」

気がついた彼女は慌ててそれを取り上げる。

乳児の涎《よだれ》でべとべとになったそれは、あのピンク色のお守りだった。意外に器用な息子が、寝ぼけた母の懐から引っ張り出したらしい。

「どうしよう、子供が口に入れたら拙いものとか混じってないわよね……」

お守りは基本、開けてはいけない。

神社からいただいたときのまま、お返ししなくてはならない。

そんな話を耳に挟んだことはあるが、今は何より息子の身体が心配だ。尾花さんは、そろそろとその袋を開いてみた。

まず出てきたのは、水天宮の名入りの和紙。

それから、小さく小さく折り畳んだ、これも一枚の紙だった。

あまりにも執拗《しつよう》に折り畳んであるのが不思議で、尾花さんがそれを丁寧に摘んで開いてみたところ、赤いマジックで、大きく、

『流れろ』

それだけが書いてあった。

3

「きっと思い上がっていたんですよね、私」

一気にそう話したあと、尾花さんは呟く。

「社内で体調を崩したり、何ヶ月も休みを取ったり。しかも、会社の仕組みを変えようとまでしたんですよ？　そんな無茶なことを全員が全員、歓迎してくれるはずなんてあり得なかったのに」

まだまだ「会社勤めは花嫁修業の一環」などという女性も、少なくなかった頃のことだ。横紙破りな彼女のやり方を快く思わない者だってきっといただろう。

ましてや、「全女性社員のためにも頑張る」など繰り返されたなら、腹立たしく感じる者があったとて不思議ではない。

「はっきり『お前のやり方は鼻につくんだ』って言ってもらえたほうが、断然よかったんですけどもね。息子に万が一のことがあったらと思うとね」

けれど、息子さんは立派に成人した。

彼女はその後も会社で働き続け、今では重役職を勤めている。女も管理職になれる会社だという評判のお陰で、同業他社より社内の男女比率は均されているし、男性社員であっても育児休暇を取得することができる。

一方、尾花さんにお守りをくれた女性達は、もう誰ひとり会社に残ってはいない。

幾度かの改革の果てに、尾花さんの会社は社外に派遣会社を設立。総合職の社員は解雇されることはなかったが、一般事務職の社員の大部分はそちらへ移るか辞職するか。二つに一つを選ばされた。

「みんな、今頃どうしてるんでしょうかね」

少し深い笑みで、尾花さんは続けた。

「元気だといいんですけれども……人を呪わば穴二つって言いますし。ねえ？」

ギバーとテイカー

ギバー、与える者。テイカー、受け取る者。マッチャー、与えたり受け取ったりバランスを取る者。

人はこのような三つのタイプに分類できるという。

「って、最近読んだ本に書いてあったんだ」

香澄は車を運転しながら、助手席のユリに説明した。

「かすみん、意識高い系だねぇ」

ユリはのんびりした口調で言う。

同じことを同僚から言われたら「嫌味か」と思ってカチンとくるところだが、学生時代からの友人であるユリの言葉だと、何故かそうは思わない。

「意識高い系じゃないよ、単に読書が好きなだけ」

学生時代はラノベや漫画をたくさん読んでいたが、社会人三年目の今では読書傾向が変わって、ビジネス書を読むのが好きになった。

中でも、今夢中になっているのが、このギバー、テイカー、マッチャーについての本だ。

「でさ、ユリっぺは自分はどのタイプだと思う？」

「私はその中だとマッチャーだな。貰ったらお返しするし、なんかあげたらお返し欲しいもん。んで、かすみんはギバーでしょ」

「あ。やっぱ、そう思う？」

香澄は苦笑いする。

この本によれば、ギバーは人に搾取されて終わる者もいれば、成功を収める者もいるという。ようは、やり方次第でうまいこと徳を積める場合もあれば、うまいこといかない場合もあるということだ。

そして香澄の場合は、うまいことといっていないギバーのパターンに陥っている。

「例の、会社の妖怪チョヨットコレは、間違いなくテイカーだよね」

ユリにはさんざん愚痴っていた妖怪チョヨットコレ。

妖怪チョコレートではない。まして本当の妖怪でもなく、こいつは普通の三十代女性会社員、香澄の同期なのだが。

香澄は都内の会社でｗｅｂデザイナーをしている。

同期のチョットコレは「ちょっとこれお願いできる?」とか「ちょっとこれ一緒に考えて」などと言っては、本来香澄がやる必要のない仕事を手伝わせ、そして最終的には全て自分がやったかのようにふるまって手柄を独り占めしてしまう。

最初のうちは、今のように嫌な気持ちはなかった。それどころか、誰かの役に立てるのが嬉しいとさえ思っていた。

でも、あるとき。

香澄がやったことまで、全部自分でやったかのように上長に報告しているのを知ってしまい、本当に腹が立った。香澄が、チョットコレのために働いている時間は、会社にとっては何もなかったことになってしまう。

同じ入社三年目で、チョットコレは新人の教育係をしているのに、香澄は何も責任のあることを任せてもらえていない。この差は、チョットコレの立ち回りの上手さというか、香澄のお人よしにつけこんで生まれたものだった。しかも、教育係に関していえば、チョットコレは「それは香澄に聞いて」ばかりで、実質的には香澄が教育係のようなものになっている。

良かれと思ってやったことが、裏目に出る。

まあ、よくあることだ。

学生時代なら、そういう手柄を横取りするような友達がいたら、喧嘩をせずに距離を置くのが香澄のやり方だった。

社会人となった今も、面と向かって文句を言って揉め事を起こすのは嫌だ。かといって、距離を置くという訳にもいかない。何しろ「チョットコレ考えて」「チョットコレ手伝って」と頻繁にお願いされるくらい近い距離にいるのだ。というか、隣の机にいる。距離を置くのは物理的に不可能。

毎日毎日顔を合わせる人と揉め事はごめんだが、心にモヤモヤを抱えたままなのもかなりのストレスだ。

「チョットコレ」と言われたら断るようにしてみたらどうだろうかと思いもしたのだが、毎回断るのも、理由が追いつかない。「今、至急の用件があるんで」と連続三回言ったら「至急の用件多すぎ」と言われてしまった。

三回も断ったんだから、チョットコレと頼まれるのが嫌なんだと気付けよ！　と心の中で毒づくのだが、結局、引き受けてしまう。なんだかんだ言って、抵抗しきれない香澄なのであった。

「それでさー、このままだと私は搾取されまくっているギバーになっちゃうんだよね」

「それはいかんね。ちゃんと上長に相談するとか、本人と話し合うとかしないと」

「でもさー、揉め事めんどくさい」

「それだと、何も解決しないでしょ」

「だよねー」

香澄は深いため息をついて、ぐったりとハンドルに身体をあずけた。

「ちょっと！　ちゃんと前向いて運転してよね」

ユリは大袈裟に騒いで見せた。

「はいはい」

背筋を伸ばしてハンドルを握り直す。

「私は今日こそ、この山奥の神社で幸せをゲットするんだから！」

今日のドライブは、ユリの提案だった。

ユリは「彼氏はいないけど今すぐ結婚したい」と常日頃から言っている。そのためにはまず、神頼みから。ということで、東にパワースポットがあると聞けば東へ奔《はし》り、西に願いが叶うお寺があると聞けば西へ走る。正に東奔西走なのだが、あいにく車の免許を持っていない。そこで、香澄がユリの東奔西走に付き合ってドライバーをしているという訳だ。

つまり、何処までもお人よしなのである。

「まぁ、頑張りなよ。でも、合コンに行くとか誰かに良い人を紹介してもらうとか、神頼みをする前にやることがあるんじゃないの？」

「正論を言う子は嫌われるよ？」

ユリは真顔で言った。

「それに、良い御縁は神様が連れてくると思うんだよね。だから、神頼みはしといて間違いない」

「はぁ。そんなもんかねぇ。で、これから行く神社は縁結びの御利益で有名なところなの？」

「はてさて」

ユリは首を傾げた。

「えっ、縁結びで有名じゃないのにわざわざ来たの？　結構な山の中よ、ここ」

「縁結びの木というのがあるんだけど、それよりも有名なものがあるんだ。ここのお守りがよく効くって芸能人の間で評判だって話でね、是非ともゲットしたいなーって」

「ユリっぺは本当にそういうの、好きだねぇ」

「ええ、ええ。何とでも言ってちょうだい。大好きです。信じる者は救われるのです。私は救われたい」

などと話をしながら神社に到着する。駐車場は広くて停めやすかった。

車から降りると、清浄な空気というのだろうか。山の木々の香りなのだろうか。空気が美味しい。

「標高が高いからかな。思ったより涼しいというか、寒いね。ダウン持ってくればよかった」

「幸せゲットするぞー！」

思ったことを口から駄々洩れさせさせながら、本殿へ向かう。

と、その前に。

「鳥居の前で写真撮らなきゃ」

二人並んで、スマホで写真をパチリ。

「ここの鳥居、三つ合体しているみたいで面白い形だね」

「狛犬も、なんだかスマート。普通の神社にある狛犬より、普通の犬っぽい」

狛犬の前でもパチリ。

芸能人の間で評判のお守りが目当てのユリは、この神社の縁起など、まったく興味がない。ユリにドライバーとして連れてこられた香澄はなおさら分かっていない。

ただ、面白い鳥居だな、変わった狛犬だなということだけは見れば分かるので、観光の記念に写真に撮った。あとでインスタグラムにでもアップしたら、会社の人とお昼ごはんを食べるときの話題になっていいかなと思ったくらいである。お昼ごはんのときに、当たり障りのない話をするのも一苦労なのである。天気の話題ばかりだと飽きるし。

「まずは本殿に参拝！　ちゃんと手水舎《ちょうずや》で手と口を清めるんだよ。御賽銭入れたら、二礼二拍手一礼だよ」

ユリは、神社仏閣でのマナーにはそこそこ煩い。

何故なら、心の底から現世御利益を求めているからだ。何かそそうがあっては、叶えてもらえるお願いごとも、叶わなくなってしまう。だから、難しいことはよく分からないが、とにかくマナーだけは守ろうと思っているのだ。

香澄もユリに付き合ってパワースポット巡りをしているうちに、手水舎で手と口を清めることくらいは、きっとしたほうが良いんだろうなと思うようになっている。

山奥の神社であるにもかかわらず、ここは駐車場は整っているし、おみやげ物屋さんもあるし、休日だからということもあるのか、それなりの人で賑わっていた。

参拝を済ませると、ユリはさっそくお目当てのお守りをゲットするために、社務所へ向かった。評判過ぎて販売中止になってしまった白いお守りは流石に置いてなかったので、色違いの赤を授かり、ユリはとても満足そうだ。

「やったー！　赤色のお守りゲット！　んで、かすみんはどうするん？」

「うーん」

香澄は言葉を濁した。

今のところ、特に叶えたい願いはないのだが、こんな山奥までわざわざ来たのだ。何かお土産に欲しいような気もする。

「私もその赤いお守り買おうかなぁ……。ああでも、車に置いとく交通安全のお守りのほうがいいかなぁ。どっちにしよう」

「ゆっくり悩んでいいよ。私は神社の良い気を浴びて運気をアップさせてるから」

「うん」

香澄は優柔不断だ。後悔がないよう、ゆっくり悩むのが好きなのだ。ユリはそれを分かっているので、一人で縁結びの木のほうへ行ってしまう。

「さてと、どうしようかな」

たくさん置いてあるお守りやお札をじっくりと見た。

交通安全や学業成就のお守り、家内安全、商売繁盛など、家の近くの神社でもよく見かけるお札の他に、火災除け、盗難除けと書いてあるお札もある。

「盗難除け……かぁ」

突然、脳裏にピンと閃くものがあった。

他人のリソースやアイデアを奪うのは「盗難」なのではないだろうか。

香澄の心に、同僚チョットコレのことが思い浮かんだ。

チョットコレは礼儀正しい。

人に何かお願いした後は、必ず笑顔で、ありがとうと言う。だから断りにくいし、隣の席で始終一緒にいるのでなければ、チョットコレに問題があるとは誰も思わない。

最初はその笑顔に騙されてしまった。

人の役に立ちたいという香澄の気持ちは本当だから。

「香澄さんのアイデア、凄く良いから使わせてもらったの。ありがとう」

そう言って書いた企画書は、チョットコレの制作になっていて、香澄の名前は何処にもなかった。

「作業手伝ってくれてありがとう。本当に助かった」

作った素材は、香澄はまったく利用しないものだった。

それどころか、その作業を手伝っている間、香澄は、会社的には何もしていない人になっていたのだ。

チョットコレの評価は上がる一方で、香澄の評価は相対的に下がっていった。

だからといって、面と向かって文句は言えない。礼儀正しくていつも笑顔のチョットコレと揉めたら、きっと香澄のほうが悪者になってしまう。

だからこそ。

神頼みだ。

他人のリソースやアイデアを盗む人から守ってほしい。

もちろん、法律的にこれが盗難ではないのは百も承知だ。

ただし。

神社の神様的にはどうだろう。広い意味で盗難と思ってもらえるかもしれない。

この盗難除けのお札をお祀りしたら、何とかなるのではないか。

そう閃いたとき、香澄は心のモヤモヤがぱっと晴れたような気持ちになった。

「あの、このお札をください」

社務所の巫女さんに言う。

盗難除けのお札は、千円だった。


帰りの車の中、ユリは上機嫌だった。

「いやあ、めでたいわー。すぐにでも結婚できると思うんだよね、私」

「何故にそう思う？　彼氏の一人もいないのに」

「ここの神社の神様は効くんだって。間違いないから。縁結びの木にお願いしたしね。元アイドルのFちゃんがここでお願いして結婚できたって、インスタに写真あったから。あとお笑い芸人のAも」

「へー」

ユリの話を聞きながら、香澄は我に返った。

さっき、盗難除けのお札をいただいたとき、かなり本気で神頼みをしようとしていた。けど、よくよく考えたら、彼氏もいないのに今すぐ結婚したいというユリと、同じじゃないかと気付いたのだ。

結婚したいなら、まず彼氏を作る。彼氏もいないのに一足飛びに結婚はできない。同僚に嫌なことをされているなら、まずは本人と話し合う。表面的には嫌な顔をしていない香澄の態度からは、相手に気持ちが伝わる訳はない。

ユリも香澄も似たもの同士だ。

するべきことをしないで、神頼みして結果だけを求めている。

実は今まで香澄は、ユリのことを、本当は結婚なんかしたくないんじゃないかと思っていた。単に、旅行に行く理由が欲しくてパワースポットで神頼みをすることにしたのではないかと。そして、彼氏もいないのに「結婚したい」と言うことで、面白キャラを演じているのではないかと。

でも今、ユリの気持ちが分かってしまった。

行動もせずに、神頼みだけで何とかなったら。

あのとき、社務所で盗難除けのお札をくださいと言ったとき、香澄は心の底からそう思ってしまった。

はっと我に返った今となっては、神頼みなんかしたってどうにもならないのだから、ちゃんと建設的に動くべきだと分かっている。でも、職場の人間関係を荒らしたくない。このまま私のほうから波風立てずに、うまく……例えば人事異動でもあって、隣の席じゃなくなるとか。何かチョットコレの心構えが変化するような出来事が起こるとか。となると、やはり神頼みしかないような気もする。

「やっぱこういうのって、神頼みしかないんだよねー」

ユリの言葉が突然心に刺さった。

まるで同じことを考えているかのようだ。

「だってさー、人の御縁て自分じゃどうにもならないでしょ。だから、パワースポットを巡って運気アップ！　来週の日曜日も、車出してぇ」

ふにゃふにゃと甘えた声を出すユリに、香澄は思わず「うん」と頷いてしまった。

家に帰ると香澄はすぐさま、いただいてきたお札を棚の上に載せた。

香澄は両親と同居で、今日ドライブに乗っていった車も、親から借りたものだ。自宅には仏壇はあるけれど、神棚はない。とりあえず、自分の部屋の棚の上を綺麗に拭き掃除して、お札をお祀りしてみた。

棚の上にお札だけがポツンとあると、とても目立つ。

家族は勝手に香澄の部屋に入ってくることはないとは思うが、お母さんが掃除のついでに入ってくることはあるかもしれない。そのとき、盗難除けのお札を見られたら、なんだか恥ずかしい。お母さんはこれを見ても何とも思わないかもしれないが。科学的根拠も何もない神社のお札に本気で神頼みをしているのを、親に知られたら恥ずかしいと思ってしまったのだ。

香澄は読み終わった本をお札の左側に、まだ読んでいない本を右側に積み上げて、それとなくお札の存在感を消してみた。これなら、お札が本に紛れる。読書が好きでよかった。

翌日。

出社すると、始業時間になっても隣の席のチョットコレがいない。

体調不良でお休みとのことだった。

チョットコレがいない会社は快適だった。

自分の仕事に集中できる幸せ。

今日は、一度も「チョットコレ」と言われなかった。丸一日、自分の仕事に集中してみて分かったが、途中で集中を妨げられることがないと、同じ一時間作業しても、はかどり方が違うし、何より、しょうもないミスタイプのような細かい失敗が減る。

精神衛生的に、とても良かった。

これは……もしかしたら盗難除けのお札のお陰？

帰りの電車の中。香澄はスマホで「神棚」「通販」と検索してみた。

こんなに効果てきめんなら、親に見られたら恥ずかしいなどとは言ってられない。すぐさま神棚を買ってきちんとお祀りするべき。と思ったのだ。

やり方はさっぱり分からないけど、ネットで調べるとすぐに色々書いてあるサイトが見つかった。そして、さしあたって「お札は東か南に向けて」と書いてあったので、帰宅してすぐに向きを直した。

更にお部屋の大掃除と模様替えをして、通販で買った神棚を置く場所を作らなければならない。

今日はとても充実した一日だ。掃除なんか生まれてこの方一度も楽しいと思ったことはなかったけれど、それすら楽しい。

ユリがパワースポット巡りに熱心な訳が分かった。

チョットコレと対決せずにストレスのない会社ライフを楽しめるなら、どんな場所にでもお参りに行きたい。週末、積極的にユリに付き合う気持ちがむくむくと芽生える香澄であった。


更に翌日。

チョットコレは出社したけれど、まだ体調が回復していないのか、まったく話しかけてこなかった。

か・い・て・き！

自分の作業を終わらせて上長に送信。

すると、上長が私の席までやってきた。

「悪いんだけど、こっちの作業、手伝ってあげて」

チョットコレの仕事がこっちに回ってきた。

「はい」

香澄はにこやかに答える。

「ありがとう、助かる。ちょっと体調悪くて」

チョットコレはいつもの笑顔はないが、それでも「ありがとう」を言ってくれる。そういうところは、謎にちゃんとしているのだ。

香澄としても、上長の依頼で手伝うのだから、何の文句もない。今回は、チョットコレの仕事を手伝ったと分かってもらえているので「この時間何もしていない人」にはならない。

そうか。

香澄はふと気付いた。

チョットコレの手伝いをするとき、なし崩しに手伝うのではなくて、上長を通してもらうように頼めばいいのかもしれない。それか、上長に他人の仕事を手伝いますと報告してから手伝うとか。

手伝いそのものが嫌な訳ではないのだから、ちゃんと筋を通してほしいと言えば良かっただけなのだ。

入社三年目。

仕事に慣れたようで、まだまだ基本的なことができていなかった。そして、それはチョットコレも同じなのだ。「ありがとう」と言えば、他人のリソースやアイデアを奪っていいと思っているのは、まだまだヒヨコだからなのかもしれない。

神社で神頼みをしたときには「突然人事異動があったら」とか「突然チョットコレの心構えが変わりますように」などと思っていたが、何のことはない。ちょっとした気付きで変われたのは、香澄のほうだった。


『凄い効果あるねー。れいけんあらたか』

香澄は自宅に帰ると、チャットでユリに報告をした。

『そんなに効いたんだ！　じゃあさ、日曜日、車出してって言ったけど、お礼参りに行こう。こういうのは、お礼しといたほうが絶対いいから』

『え、でも日曜日は他に行きたい神社あったんでしょ？　いいの？』

『かすみんのお礼参りのほうを優先でいいよ。私はいつも行きたいところに連れて行ってもらっているから』

何かしてもらったら、お返しをする。神社でも、人でも。

『流石ユリっぺ、マッチャーだねぇ』

『何だっけ、それ』

先日神社に行くときの車中で、ギバー、テイカー、マッチャーの話をしたはずだが、ユリはすっかり忘れていた。

『マッチャーは、貰ったらお返しをするタイプの人だよ』

『なるほど。私も神社の神様もマッチャーなんだねぇ』

『あれ？』

チャットをしながら香澄の脳内で、ビジネス書に書いてあった言葉と、神社の神様がマッチャーであるということが、一つの線で繋がった。

『どした？』

『マッチャーっていうのは、貰ったらお返しをするタイプだけど、言い方を変えると目には目を、歯には歯をって考え方を持っているってことでもあるんだよね』

『そうだね。やられたら等倍でやり返したいね』

『神様に何かしてもらって、お返しをしなかったら、どうなるんだろう』

『貰いっ放しだったら、そりゃ怒るでしょ。そうならないためにお礼参りをするんだよ』

お礼。

香澄は考えた。神社に行って「ありがとうございました」と参拝すれば良いのかと軽く考えていたが、そうではないのかもしれない。

何しろ、自分自身がチョットコレに「ありがとう」とだけ言われて、最初のうちは良かったが、繰り返されるうち、だんだん腹が立ってきたのだ。神様なんて、何百年前からそこに神社があるのか知らないが、長い年月人の願いを聞いてきたのだ。「ありがとう」だけで済まされたら腹も立つだろう。

これは、ちょっとお賽銭を張り込んだほうが良いのかもしれない。

そして、どんな神様なのかも知らず、ユリとの付き合いで何となく参拝してしまったが、ちゃんと調べてみようとも思った。

スマホでちゃちゃっと検索すると、有名な神社なので、すぐに詳細が出てくる。

観光会社のバスツアー、芸能人が参拝したという記事などの他に、神社の公式サイトもあった。

まずは、公式サイトから。

神社の山の緑に囲まれた美しい写真が載っている。縁起はとても古く、修行場だった歴史などを紹介している。

読み進めていくと、なんだか不思議な御案内が現れた。

「御眷属《けんぞく》拝借……？」

眷属とは、神様のお使いのこと。

拝借とは、借りること。

公式サイトによると、お使いは狼で、一年間拝借できると書いてある。

「どういうことなんだろう……」

思わず独り言を呟いてしまった香澄である。

まさか本物の狼を借りられる訳ではないだろう。神様的な実体のないお使いを借りるということなのだ。どう考えても、少年漫画やラノベに出てきそうな設定。しかも、古くから行われているらしい。

そういえば、と思い出して、香澄はスマホの写真フォルダを開いた。

ユリと撮った写真に、狛犬が写っている。普通のもこもこしたのと違って、シュッとした狛犬だなと思ったけれど、これは狼だったのだ。

これはもっと深掘りしてみなければと「御眷属拝借」で検索を掛けてみる。

サジェストに「御眷属拝借　郵送」と出てきた。

神様のお使いを郵便でやり取りできるとは。郵便は確か明治時代にできた制度だ。この神社の縁起の古さから考えると、新しい制度を柔軟に取り入れた結果なのだろうか。

検索して出てきたサイトをざっと読んでみると、御眷属拝借というのは、特別なお札の入った箱を一年間借りられるという制度のようだった。これを、地域又は個人で拝借し、一年間お祀りすると、火災除け、盗難除け、病魔除けなどの霊験があらたかであるという。香澄がいただいてきたお札は、まったく特別ではない、たった千円の盗難除けのお札だ。それでもこんなに効果があるのだから、御眷属拝借をしたら一体どんなことがあるのだろう。少年漫画ばりに不思議な出来事が起きてもおかしくない。

そんな好奇心から、更にオカルトの口コミサイトを検索していくと、不思議な体験談がたくさん出てきた。


『まだ小学校に上がる前のこと。

母方の祖母の家に行くと、いつも遊んでくれる犬がいた。

犬は黒くて、私の身長よりも大きかった覚えがある。

あるとき、祖母の家の近所の子供達に混ざって、ザリガニ釣りをしていた。一人の子供が用水路を跨《また》いで向こうに行こうとして、足を滑らせて落ちてしまい、あっという間に流されてしまった。小さな用水路だから、そんなに勢い良く流されるとは思ってもみなかった私達は、大声を上げたが、近くには助けてくれそうな人は誰もいない。

なす術もなく茫然としていると、例の、いつも遊んでくれる大きな犬が踊り出て、用水路に落ちた子を助けてくれた。

幸いにも落ちた子は全身びしょ濡れになって、膝を擦りむいたくらいで、大した怪我はなかった。

騒ぎを聞きつけてやってきた祖母に「いつも遊んでくれるワンちゃんが助けてくれた」と話すと、犬は飼っていないとのこと。近所にも、黒い大きな犬を飼っているお宅などない。

ただ、その地域では御眷属拝借をしていて、お使いの狼が子供を水難から助けてくれたのではないかということだった』

『夫が起業をするに当たって、縁起を担ぐため、御眷属拝借をすることにした。

夫婦二人で神社に行き、神社でお祓いをしてもらった後、箱に入ったお札を受け取る。

このお札には「鳥居を出るまではどんなことがあっても決して振り返ってはならない」「家に帰るまで寄り道をしてはいけない」「お札の箱を地面に置いてはならない」という決まりがあるそうだ。

また、一年後には返却をしなければならないということもあって、御眷属を返却しに来るときには、会社が軌道に乗っているといいね、などと話をしながら帰路に就いたのだが、その車中で不思議なことがあった。

もともと「寄り道をしてはいけない」という決まりがあることは知っていたので、途中でお腹が減っても大丈夫なように、お団子を四本、水筒に温かいお茶を入れて持ってきていた。

あんこ二本とみたらし二本だ。

都内の自宅から、車で三〜四時間のところにある神社なので、小腹が空いたとしてもお団子を二人で二本ずつ食べれば、それで十分と思ったのだ。

ところが、いざ、車の中でお団子を食べようと思って包みを開けると、あんこ一本とみたらし一本しかない。

「勝手に食べた」

「いや食べてない」

と、少し言い合いになったが、もういい大人なんだし、おやつくらいで口論しても仕方がないので、夫がみたらしを、私があんこを食べることにした。

そのときは、お団子屋さんが入れ忘れたのかもね。ということで和解したのだが、自宅に到着して、車の後部座席を見たら、お団子の串が二本、落ちていた。

もちろん、私達はどちらも食べていないし、もし食べたとしても、串を車の後部座席に捨てるなんてあり得ない。

「これって、御眷属様が食べたってこと？」

私は背筋がぞっと寒くなったが、夫の目は輝いていた。

「こりゃあ一年、守ってもらえる！　よーし、バリバリ働くぞ！」

夫のポジティブ思考には頭が下がる思いだ。

『明治の初め頃、大火に見舞われた村があり、火難除けに霊験あらたかな御眷属拝借をしようということになった。

そこで村の代表者が毎年神社に行くことになったのだが、あるとき、御眷属様のお札が入った箱を大事に抱えて持ち帰る途中、雨でぬかるんだ道で足を滑らせて、落としてしまった。

落としてしまった男は、その後、三日三晩熱が続いて死んでしまったという』

他にも、御眷属様の箱からゴソゴソと音がしたとか、足音をもこもこしたものが通り過ぎた感触がしたとか、お供え物が翌日にはなくなっていたとか、体験談がわんさかと出てきた。

香澄も「千円のお札だけど、十分効果があった！」と思っていたので、体験談は我がことのように感じられて嬉しかった。

検索ついでに、今が新蕎麦の時期だということも分かった。次の休みには、美味しいと評判のお蕎麦屋さんにも行こうなど、観光情報もゲットしたのだった。


翌日も香澄は快適に仕事ができた。

隣の席は空いている。チョットコレと言われることもない。

香澄は、自分に任された自分の仕事をしたかったのだと痛感した。今までチョットコレにつきあわされて無駄な時間を過ごしていたこと、掛けなくていい労力を掛けていたことが本当に腹立たしかった。

そして、そこに気付いてしまった自分は、もう、元の言いなりな自分に戻ることはできないのだとも思う。

先日、香澄が夢中で読んでいたギバーやテイカーのことが書いてあったビジネス書には、成功するギバーと、燃え尽きてしまうギバーがいると記してあった。

香澄はギバーで、しかも、人に与え続けて燃え尽きてしまうタイプのギバーだ。でも、これからは変わろうと思う。本によると、燃え尽きないようにするためには、いくつか方法があるらしい。

まずは、テイカーから距離を置くこと。

そして、一つのパイを奪い合うのではなく、全体を拡大していく戦略を採ること。

隣の席に座っている以上、チョットコレと離れることはできない。

でも、拡大していく戦略は採れる。

まずは、何か頼まれたら上長を通してもらって、香澄とチョットコレとの間の個人的な問題ではなく、仕事をする上での正式な応援ということにする。そして、みんなで助け合うことができるような仕組みを作る。手助けをした人が「何もやってない人」にならないよう、部署内全体でスケジュールの共有をするように、提案してみるのも良いかもしれない。

なんだか未来は明るい。

香澄がそんな風に晴れ晴れとした気持ちになっていた、そのとき。

「お願い。チョットコレ一緒に運んで」

後ろで声がした。

チョットコレが大荷物を持って、立っている。

「あ、はい」

反射的に、香澄はチョットコレの荷物を半分持ってしまった。

しまった！　また簡単に頼まれごとを引き受けてしまったと思ったが、もう遅い。身に付いた性質はなかなか改まらないものだ。

だが、荷物を持つくらいまぁいいかとすぐに思い直した。荷物を持って半日立ってろと言われた訳でもない。ちょこっと別のフロアに荷物を運んであげるくらいの労力は、円滑な人間関係のために必要だ。

「ありがとう、ほんと、助かる」

チョットコレは日頃の礼儀正しさを発揮した。

「下の会議室に持って行きたいの」

そういって、エレベーターのほうへ歩き出す。

だが、エレベーターはメンテナンス中。仕方なく、階段を下りることにした。

チョットコレが二、三歩先を歩いているのだが、後ろにいる香澄のほうを振り返って、話しかけてきた。

「そういえばさ……あっ！」

チョットコレは階段から転んで、ダダダダダダと派手な音を立てて落ちる。

「だ、大丈夫？」

香澄は慌てて駆け寄った。

「痛ぁ」

チョットコレは階段に持っていた荷物をブチ撒け、倒れたまま起き上がれないでいる。

「足、挫いちゃったかも」

「立てる？」

「チョット無理……」

「誰か手を貸して！」

その声に、何人かの男性が駆けつけてくれた。

数人の手を借りて、動けないチョットコレを椅子のところまで運び、ブチ撒けられた荷物を拾い集める。

「……」

荷物を拾うのを手伝いながら、香澄は釈然としない気持ちでいっぱいだった。

さっき、チョットコレが階段から落ちたとき。

後ろにいる香澄に話しかけようとして、前方不注意だった。

けど、ほんの一瞬だったが香澄は見てしまった。黒い、影のようなものがチョットコレの足下をすり抜けるように走っていくのを。

その影は、香澄の目には黒い狼のように見えた。

これは……荷物を運ぶのをつい手伝ってしまったから「時間を盗む者」として認識され、盗難除けのお札の効果が発揮されてしまったのかもしれない。

ネットの体験談では、お団子がなくなっていたなどのほっこりエピソードが多かったが、それでもお札の扱いが悪かったので死んでしまった、などの話もあった。

つまり。

香澄がリソースやアイデアを奪われていると感じるようなことがあると、そのたびに、チョットコレにとってよくないことが起きる……可能性があるかもしれない。

断定はできないが、実際、黒い狼のような影を見た香澄には、今、彼女が階段から落ちたのは、盗難除けのお札のせいなのではないかと思えた。

ぞぞぞ……と香澄の背筋を冷たいものが走った。

「どんどん腫れていくねぇ。これ、骨折しているかもしれないから、早く病院行こう」

「誰か要らない雑誌ある？　添木の代わりにして固定しよう」

「冷やしたほうがいいかも。ちょっと氷取ってくる！」

助けにきてくれた人たちは、てきぱきと怪我人に対応している。

香澄は荷物を拾ったあと、茫然としていた。

これは、やばい。

十分御利益はあった。

だから、もういい。攻撃はしないで。

香澄は本気でそう念じた。

早く、お礼参りに行って「ありがとうございました、もう大丈夫です」と伝えなければ、どんな被害が起きるか分からない。

香澄としては、こんな風に暴力的にチョットコレの「リソースやアイデアの盗み」を止めてほしいと思ったのではなかった。

もっと穏便に、例えば人事異動で隣の席じゃなくなるとか、チョットコレの心構えが変わって人に気軽にものを頼まなくなるようにしてほしかっただけ。そして、会社でもない、相手でもない、自分自身が変わることでこの件は解決しそうだと糸口が見えたところだった。

それなのに、まさか暴力で解決を図るとは。

よくよく考えてみれば、お札をいただいた次の日。チョットコレは体調不良でお休みだった。つまり、神様は最初から暴力で解決しようとしていた、と香澄は考えるに至った。

触らぬ神に祟りなし。

うっかり、何の覚悟もなく神様の片鱗に触ってしまったことを、香澄は今更ながら後悔した。

日本のオオカミ信仰は古くから存在する。

尊い、山の神としてのオオカミと、家畜を襲う害獣として忌み嫌われる獣であるオオカミ。そのどちらも力強く恐ろしいものだ。

香澄は次の休みにユリと神社へ行き、お礼参りをした。

「これで十分です、ありがとうございました」

そう強く念じる。

いただいた盗難除けのお札も、古札として納めた。

これでこの件は一件落着。もう、神頼みなんてしない。香澄は本当に懲りていた。

チョットコレは階段から落ちたあと、病院に行って左足を骨折しているということが分かった。翌日からは、ギブスをはめ松葉杖を突いて出社した。

「動きにくいけど、立ち仕事じゃないから大丈夫」

そう言って、けなげに頑張るチョットコレに、会社の人たちは好意的だった。

香澄としても、なんだかこの骨折は自分のせいのような気がしているので、同情的な気分になった。


こうして、しばらくは何事もなく平穏に時間が過ぎた。

骨折はまだ治っていなかったが、松葉杖の取り扱いには慣れてきた頃。

「ねぇ、チョットコレ……」

隣の席のチョットコレは、香澄に自分のパソコンのモニターを見せた。

そこには、香澄が以前作った企画書が映っている。

「え、何？」

よく見ると、企画書のトップページに書いてある、客先の名前が違う。自分が担当していない名前だ。

「この間香澄さんが作っていた企画、結局使わなかったでしょ。でも、凄くよくできているからこっちで使わせてもらうね」

チョットコレは、お断りを入れたのだから筋を通したと言わんばかりに「使わせてもらう」と断言した。

つまり、パクリってことじゃん！

一生懸命作った企画書だけど、没になって悪かったわね！

どうせ没企画ですよ！

香澄は頭に血が上って、心の中で悪態をつきまくった。

これは、盗難除けのお札をお祀りしていた期間、チョットコレに邪魔されずに心ゆくまで丁寧に作った企画書。

でも、客先のニーズには合わなかったので使わなかったものだ。

客先の名前を変えられたのは、再利用するつもりなんだから、まあしょうがない。

でも、よくよく見ると、香澄の名前が何処にもない。

これではまた「何もしていない人」にされてしまう。

以前の香澄だったら、波風を立てるのが嫌で、そのまま「使って良いよ」ということになるのだが。

今の心境は「断じてノー！」だ。

搾取され続けるギバーにならないために、ここはきちんと向き合うべきだ。

「……」

香澄は一つ息を吸った。

「ねぇ。どうして他人の企画書を丸パクリするの？」

「とっても良い企画だもの。使わなきゃもったいないでしょ」

「でもそれ、私が作ったものなのに、私の名前は入ってないよね」

「香澄さんの案件じゃないから、名前を入れてあげられないのは、しょうがないじゃない。ねぇ、とっても良い企画なんだからこっちで使わせてよ。お願い」

チョットコレはにこっと笑顔になって、拝むような仕草をした。

「私の企画書を使うんだったら、その分の作業をしなくて済んだってことになるよね」

「ええ。ありがとう」

チョットコレはいつも礼儀正しい。

「ってことは、そっちの時間余るでしょ。企画書使っていいから、私のやってる作業を手伝ってもらえる？」

ギバーの、いつも与えるだけの香澄には珍しくギブ・アンド・テイクを提示してみた。

何故なら、例のビジネス書に、テイカー対してはマッチャーになるという戦略もアリだと書いてあったから、試してみようと思ったのだ。

するとと。

「それは無理」

あっさりと断られてしまう。

香澄は内心動揺した。

え、他人から企画書をパクっているのに、何故こっちの要求は笑顔で断れるのだろう。

これが生まれついてのテイカーという奴なのだろうか。

「な、何で……？」

まさか断られるとは思っていなかったので、動揺のあまりどもってしまった。

とても恥ずかしい。

「えー、無理に決まってるでしょ」

チョットコレは満面の笑顔で言った。

「香澄さんみたいに仕事ができる人の手伝いなんて、私ごときにできる訳ないよ」

えええええ？

香澄は混乱した。

他人から企画を奪うのは、敬意を表しているから。

他人の手伝いができないのは、謙遜しているから。

そういうことなのだろうか。

香澄にこの考え方は、まったく理解できなかった。

このままでは話にならないので、上長を交えて相談の場を設けた。結果、香澄が企画書を作ったことはきちんと査定の対象になるということになって一件落着。

やはり、上長に相談するのが正解だったのである。


けれども、香澄の心のモヤモヤがすっきり晴れた訳ではない。

むしろ、チョットコレの考え方に、怒りが再燃してしまった。話が通じないとはこのことだ。こっちの手伝いをしないことが、彼女なりの「謙遜」だったなんて！

それでは、今後、香澄はずっと一方的な搾取の対象だ。

しかも、今回の企画書の件は特別、スペシャルに腹が立っていた。

今まではちょっとアイデアを出してや、チョット手伝ってなど、奪っていく内容は軽いものだったけれど、今回は、丁寧に時間を掛けて作った企画書を丸パクリ。

こんなのって、サイテーだ。

同じ社内で距離を置くこともできないし、余計な波風を立てる訳にもいかない。

これからずっと、搾取は止まないのかもしれない。
そして、謎の尊敬と謙遜のため、こちらを手伝うことは一切ないだろう。
こんな話の通じない奴と毎日顔を合わせるなんて……。
悪意のない邪悪に対抗するための手段が、どうしても必要だ。
それを、香澄は一つしか知らない。

香澄は再び山奥の神社にやってきた。
今回は一人。
あいにくの曇天だが、冷たい清浄な空気で満たされている。
真剣な面持ちで、昇殿し、お祓いを受ける。

御眷属拝借

香澄は一年間、木箱を借り受けた。
話の通じない相手から、身を守るためにはこれしかないと思ったから。
最初に盗難除けのお札をいただいたときのような、ただの思いつきとは違う。今では、神様は柔和で親切なだけではなく、荒々しく暴力的な側面を持っていることを知っている。だが、それでいい。心の底から御眷属様が必要だと思ったのだ。

悪意のない邪悪に立ち向かうため、闇の片鱗に触っても良いと覚悟した。

決まりの通り、香澄は振り返らず神社の鳥居をくぐり、駐車場に戻ってきた。

手にはしっかりと箱を抱いている。

まだ十一月だというのに、いつの間にか雪が降っていた。広い駐車場一面が、うっすらと白く雪化粧をしている。

香澄は車に乗り込むと、エンジンを掛けた。

寄り道せず、まっすぐ家に帰るのだ。

ゆっくりと、車をスタートさせる。

雪の上に、車のタイヤの跡。

そして、ぽつり、ぽつりと、動物の足跡のようなものが、車の後を追いかけるようについていった。

（参考文献『ＧＩＶＥ＆ＴＡＫＥ「与える人」こそ成功する時代』
アダム・グラント・著／楠木健・監訳／三笠書房）

社畜鼎談

〈社畜怪談〉執筆者三名でリモート鼎談《ていだん》を行いました。テーマは「社畜」程度のざっくりとしたものでありましたが、色々な話が飛び出して、実に濃い内容になったように思います。今回はその一部をお送りしますので、ゆっくり味わって頂けると幸いです。因みに(注)は私・久田が入れております。

【名刺代わりに社畜怪談】

久田　司会兼参加者の久田です。お願い致します。と言う訳で、まず自己紹介からお願いしたいんですが。五十音順と言うことで。黒碕先生から。

黒碕　わたしか！　黒碕薫と申します。小説書いてます。あのあまりホラー（注・実話怪異譚含む）って書いたことないので、なんか、楽しい経験でした（微笑）。

佐々原　佐々原史緒と言います。ライトノベルで基本的に仕事をしていることが多いですが、ホラーは一応シリーズを2回やったことがあって、アンソロジーなんかでもちょっと書いてます。

久田　久田です。以下略……あ、作家・物書きって感じになっています。今、ホラー（実話怪異譚系含む）だけって感じでもないので。えー今回社畜怪談の企画って言うのがお二人の発案からじゃないですか？　東洋文庫のカフェで（注：その日、黒碕先生、佐々原先生、久田は東京都文京区にある東洋文庫ミュージアムで行われていた【北斎展】を観に行っていた）。

黒碕　そうですねー。

久田　最初は佐々原先生の発言から始まって。こういう企画が持ち上がったとき、どういう感じに思いつきました？

佐々原　思いついたって言うか……わたしの正社員時代まるごとそのものが社畜怪談なので（笑）。思いついたもへったくれもなかった感じ（笑）。

久田　ということは自然発生だったと？

佐々原　うん……ですねぇ。

久田　そのとき、タイトルは黒碕先生が決めたじゃないですか？

黒碕　あのね。佐々原先生が社畜怪談みたいな話を言い出して、ポロッと言った言葉を私が凄い推した、っていう感じだったよね？

久田 あ、そうでしたね。

黒碕 凄いキャッチーだから、それを使って何かをしたほうがいいよ、絶対に！ ぐらいの。

一同 （笑）

黒碕 自分がホラー書いたことないんで、仲間に組み込まれるってあんまり思っていないので（笑）。「いいよネー！ 社畜会談！ 凄くいい！」ってやたら推してた（笑）！

佐々原 私の宴会芸ですからね？ 社畜怪談ネタ。こんな目に遭ったー、あんな目に遭ったー、こういう怖い人が居たー。そんな話をすると一撃で覚えてもらえる！

久田 テッパンて奴ですね。

黒碕 名刺代わりに社畜怪談（笑）。

佐々原 そうするとぉ、「ああ、あんときああいう酷い話をしていた人だ！」って風に覚えてもらえる。

久田 酷い（笑）。

佐々原 大体編集者さんはベスト・オブ・社畜というか、こう……全体的に社畜系が多い職業でいらっしゃるので、「会社員時代にこういうひどい目に遭ったことがある」って話をすると、もの凄く食いつきが良いんですよ。皆さんご自分からも堰《せき》を切ったように色々話して下さるんで。心の壁を越えるのにもいいです（笑）。

【テッパンですよね、テッパン】

久田　実話怪奇譚とかやっていると、おかしいこと起こるんですよ。書いていると。

佐々原　止めて下さい！（笑）。

久田　黒碕先生、書いているとき何もなかったですか。

黒碕　あ！　わたし、死にかかっちゃった！

久田　それはメールでちょっと聞きましたが、触れなかった……。大丈夫でしたか？

黒碕　あの、毎日朝血圧を測っているんですが、その日計ったら上が七十で、下が五十だったんですね（注：至適血圧は上が百二十未満、下が八十未満。だからこの数値はとんでもなく低い）。そして低血圧過ぎてバッタリ倒れてしまい……。意識はあったんだけど、身体が動かなくなってしまいまして、しばらく、「あー、どうしよう」って思っていたんだけれど、少ししたら持ち直して身体が動くようになったので、とりあえずお布団の所へまで這っていって、ちょっと安静にしていようと思って寝てたんですよ。そしたらね、死んだお祖母ちゃんが迎えに来ましてですね（笑）。

久田　それは、枕元に立った、って奴ですか？

黒碕　はい（笑）。

佐々原　テッパンですよね、テッパン！（笑）
黒碕　臨死体験って奴ですね。いわゆるテッパンの（笑）。私、死にかかったことはなかったんで。
佐々原　私はありましたけれど（笑）
黒碕　私はなかったんで！　まさか死んだお祖母ちゃんが迎えに来るなんて思ってみなかったんで（笑）、「え⁉　噂って本当だったの⁉」って（笑）。
久田　いえいえ！　笑い事じゃないですからね！

【ちょいと新シリーズをやりたいな】

久田　実はちょいと新シリーズをやりたいなと。――「鬼畜怪談」ってどうですか？
黒碕　鬼畜怪談⁉
佐々原　でもどういう方向性で行くのか。社畜怪談はタイトルですぐピュッて結びつくけど。鬼畜だと何書けばいいいんだ？
（以下、社畜怪談2含めた新企画に関する相談が続く）
久田　……で、社畜怪談2もですが、鬼畜怪談もやるとして、他にやりたいのがあって。

ほら、前から黒碕先生と話していた、「不思議×旅もの」。あれがやりたいんですよね。
黒碕　あ、座敷童《ざしきわらし》の取材に行きたい！
久田　前に話していたヤツですね。緑風荘じゃないとこの。行きましょう！　ってところで、次回以降に関する抱負を……。
（そのとき、突然携帯の着信音が鳴る）
佐々原　あ、私だ。いつもは鳴らないのに、このタイミングで。
黒碕　怖い怖い！

久田　（仕切り直して）では、抱負を……えーっと、五十音順で。
黒碕　あ、わたしかぁ！　コロナが収まったら、ホントに座敷童関係の取材に行きたい！　行って、取材をした話を小説とかに書きたいです。社畜2と鬼畜もやりたいですねぇ。
佐々原　社畜も2も是非やりたいです。鬼畜もいいですが、個人的にはその前に旅ものをやりたいかな。皆さん、今、どこかに行きたくても行けない気持ちかと思うので。
久田　旅ものなら、タイトル、なんて付けます？
黒碕　「○畜」じゃないといけないなら、「蘊蓄《うんちく》」。
佐々原　……「股旅怪談」とか。股旅……ちょっと言葉が古いな。普通に「トラベル怪談」

でいいんじゃない？

久田　そっかぁ……。わたしは前から黒碕先生と言っていた旅ものをやりたいんですよ。グラビアたっぷりで。風景や寺社の写真を入れて。以前取材したものをやって、そして新たに取材をしたものも次の本として。それこそ病除けのパワースポットが必要なら、神社さんやお寺さんも含めて。

黒碕　なら、アマビエも描こうぜ！（笑）

二〇二〇年七月二十七日　リモートにて収録

社畜怪談

2020年9月4日　初版第1刷発行

著者　久田樹生 / 黒碕薫 / 佐々原史緒
カバー　橋元浩明（sowhat.Inc）
発行人　後藤明信
発行所　株式会社　竹書房
〒102-0072　東京都千代田区飯田橋2-7-3
電話03-3264-1576（代表）
電話03-3234-6208（編集）
http://www.takeshobo.co.jp
印刷所　中央精版印刷株式会社

定価はカバーに表示しています。
落丁・乱丁本は当社までお問い合わせ下さい。

ISBN978-4-8019-2386-7 C0193